外国语言文学知名学者讲座系列·**语言学十讲**

主编 束定芳 策划 庄智象

社会语言学十讲

◎ 蔡永良 著

Ten Lectures on Sociolinguistics

上海外语教育出版社
SHANGHAI FOREIGN LANGUAGE EDUCATION PRESS
www.sflep.com

图书在版编目（CIP）数据

社会语言学十讲/蔡永良著. -- 上海：上海外语教育出版社, 2017 (2025重印)
（外国语言文学知名学者讲座系列·语言学十讲）
ISBN 978-7-5446-5017-5

Ⅰ.①社… Ⅱ.①蔡… Ⅲ.①社会语言学—研究 Ⅳ.①H0-05

中国版本图书馆CIP数据核字（2017）第225230号

出版发行：**上海外语教育出版社**
　　　　　（上海外国语大学内）　邮编：200083
电　　话：021-65425300（总机）
电子邮箱：bookinfo@sflep.com.cn
网　　址：http://www.sflep.com
责任编辑：许进兴

印　　刷：苏州市古得堡数码印刷有限公司
开　　本：700×1000　1/16　印张 13　字数 210千字
版　　次：2018年6月第1版　2025年1月第3次印刷
书　　号：ISBN 978-7-5446-5017-5 / H
定　　价：48.00 元

本版图书如有印装质量问题，可向本社调换
质量服务热线：4008-213-263

"外国语言文学知名学者讲座系列·语言学十讲"
编委会

主编：束定芳　　　　**策划：**庄智象

编委：（按姓氏首字母排序）

蔡永良	陈　桦	戴炜栋	何兆熊
胡建华	胡壮麟	黄国文	李荣宝
梁茂成	刘正光	马秋武	冉永平
施　旭	束定芳	王立非	王文斌
徐盛桓	许余龙	张　辉	庄智象

总 序

根据《国家中长期教育改革与发展规划纲要（2010–2020年）》和教育部有关文件要求，高等学校应培养"具有国际视野"、"懂国际规则"、"能参与国际事务"的大学生。《高等学校英语类专业国家标准》（征求意见稿）提出，高校英语专业课程应培养学生的基本学科素养和基本的研究能力；同时，随着计算机和网络技术的发展，大学课程应该适应最新的网络、多媒体和移动通讯方面的发展趋势，借鉴国外网络公开课程的模式，引导学生自主学习。

本系列的目标读者是英语专业、大学英语高年级学生、研究生和英语教师，其主要目的是普及语言学基础知识和基本理论，引导学生关注语言与人类生活和人类发展的密切关系，为他们学好语言课程、从事基本的语言研究或语言对比研究，或今后更好地适应与语言相关的工作打下良好的基础。

本系列涉及语言学最重要的分支领域或流派。每一领域或流派各为一册，包括语言学的各个主要分支学科和流派。

丛书每册以十个讲座的形式，勾勒出所涉及的领域或流派的概况和历史发展过程，介绍基本概念和基础理论，体现最新研究成果，指出需要进一步研究的问题和发展趋势。讲座突出重点，提纲挈领，语言简洁，举例丰富，说理易懂，既可作为语言学初学者的学术参考书，又可作为课堂教材使用。各分册部分内容配有相关的视频讲座，与纸质书配套出版，供教师和学生参考学习。

本套书的策划和编辑得到了广大专家和外教社领导、学术部工作人员的大力支持。时任外教社社长和总编辑庄智象先生最初提出该丛书的设想并协调了组稿及丛书编辑原则制定等过程。外教社孙静主任和蔡一鸣编辑具体负责了联系作者、协调编写原则和要求、审稿、修订等工作。在此一并致谢。

束定芳
2017年10月

前　言

两年前，上海外语教育出版社组织编写"语言学十讲"系列丛书，我负责撰写"社会语言学"这一部分。外教社要求以讲义的形式为非语言学专业的大学生以及对语言学有兴趣的读者介绍语言学基础知识，分十个部分，每一部分的介绍篇幅不宜过长，文字尽量通俗易懂。为了完成此项任务，我在为英语语言文学硕士研究生讲授了近十轮的《社会语言学》的基础上，对讲义进行了删选、整理、翻译和撰写，最后形成了这本书稿。

社会语言学最早出现于19世纪下半叶，至今已有百余年历史，它的内涵与外延都有了充分的发展，涉及广泛，内容丰富。要在约15万字的篇幅里涵盖学科所有各个方面及其相关内容，并非易事。我根据出版社要求，分十个部分，选择了十个专题，对涉及社会语言学主要的方面逐一进行介绍，尽量做到既注意学科基础知识的完整，又兼顾到初学者的需求，将社会语言学这门学科的概貌和基本内容以通俗易懂的方式展示给读者。

所选择的专题可以分为宏观和微观两个部分。比较宏观一点的专题有："社会语言学简史"，放在"概说"一讲；"学科当今发展与趋势"，放在最后一讲。选择这两个专题的主要目的是向读者呈现社会语言学发展的历史、现状以及趋势，以此来加深对这门学科内涵与外延的认识和把握。第三个宏观专题是"语言接触与语言变化"（第二讲），这对社会语言学来说，既是前提，又是重点，通过语言的接触与变化，可以看到语言与社会之间的互动。"社会语言学方法论"（第九讲）也属于相对宏观的问题，旨在向读者介绍社会语言学研究的主要方法与途径。宏观专题还包括"语言规划与管理"（第三讲）和"语言的衰亡与维护"（第四讲）。这两个专题是近期才成为广为关注的问题。我们了解人类语言衰亡，尤其是近阶段严峻的形势，可以充分认识到语言的社会文化功能以及语言生态与人类社会的生存与发展之间的密切关系；关注语言的规划与管理，我们可以认识语言与社会互动过程中人的主观能动的作用。余下的四个专题相对微观些："语言与文化"（第五讲）关注语言与文化各种要素之间的互动；"语言与认同"（第六讲）介绍语言与思想意识和观念之间的关系；

"语言与行为"（第七讲）研究语言与人类的认知和交际活动之间的相互作用；"语言与称谓"（第八讲）讨论人们各种不同称谓系统中的语言表达与社会功能。为了使读者能够实在地体会学理和方法，本书大部分的专题都配备一个案例，比如，"加拿大的语言冲突"一例，说明"语言接触与冲突"这一专题；"北京话里的NI和NIN"一例，说明"语言与称谓"这一讲。

本书共分十讲，每一讲分三个部分，彼此相互联系又相对独立，每讲后附思考题、推荐阅读书目和主要参考文献。如果作为阅读材料，可以通篇读，也可以选读相关章节；如果作为讲义，可以根据时间选择其中一个或两个部分作为每一次课的内容，书后配有样课光盘，供教师授课参考。

尽管本人对社会语言学产生兴趣至今已有三十多年的时间，其间不断积累知识，加深理解，对其中一些专题也有过一些专门研究，并为英语语言文学硕士研究生专业选修课施教多轮，但编写本书过程中时有江郎才尽之感，因此难免有诸多疏漏与谬误，还望相关专家同行以及各位读者批评指正。

蔡永良
于上海海事大学中远图书馆
2017年11月

目 录

第一讲 概说 1
第一节 什么叫社会语言学? 1
第二节 社会语言学研究什么? 6
第三节 社会语言学是怎样发展来的? 11
思考题 18
推荐阅读 18

第二讲 语言接触与变化 19
第一节 语言接触 19
第二节 语言变化 26
第三节 个案分析:加拿大魁北克的语言冲突 32
思考题 37
推荐阅读 37

第三讲 语言衰亡与维护 38
第一节 语言衰亡 38
第二节 语言挽救 43
第三节 个案分析:北美原住民语言的衰亡与挽救 48
思考题 55
推荐阅读 55

第四讲 语言规划与管理 56
第一节 语言规划 56
第二节 语言政策 63
第三节 个案分析:美国的语言规划与政策 67
思考题 72
推荐阅读 73

第五讲　语言与文化 74
　　第一节　语言相对论 74
　　第二节　隐喻认知观 78
　　第三节　语言生态学 86
　　思考题 91
　　推荐阅读 91

第六讲　语言与认同 93
　　第一节　文化与认同 93
　　第二节　性别与认同 98
　　第三节　民族与认同 104
　　思考题 109
　　推荐阅读 109

第七讲　语言与行为 111
　　第一节　言语行为 111
　　第二节　合作与礼貌 113
　　第三节　个案分析：英语使役行为句的社会语用学研究 122
　　思考题 129
　　推荐阅读 130

第八讲　语言与称谓 131
　　第一节　代词称谓 131
　　第二节　理论研究 140
　　第三节　个案分析：北京话里的NI和NIN 145
　　思考题 150
　　推荐阅读 150

第九讲　社会语言学方法论 151
　　第一节　提出问题 151
　　第二节　数据收集 155
　　第三节　分析研究 163

思考题 167
推荐阅读 167

第十讲　发展与趋势 168

第一节　国外社会语言学 168
第二节　中国的社会语言学 175
第三节　发展趋势 179
思考题 184
推荐阅读 184

参考文献 185

第一讲　概　说

这一讲大概介绍一下社会语言学这门学科的定义、范围以及发展简史,以便在大家进一步讨论之前,对它有一个大致的了解。

第一节　什么叫社会语言学?

简单说来,社会语言学是研究语言与社会两者之间关系的学问。

我们人类是群居动物,社会是人类生活的基本形态,主要部分是社会交流,语言是人类交流的基础和媒体。人类大多部分的交流是借助语言来完成的,没有语言,社会交流很难想象。而且,人类社会在语言交流活动中不断发展与完善,而语言是在社会活动中产生、发展和丰富的。因此,语言与社会之间构成相辅相成、密不可分的关系,语言服务于社会,影响社会,并受社会影响。社会语言学研究的对象就是"语言与社会之间的相互作用",关注语言是如何影响社会,反过来社会又是如何影响语言的。

语言与社会的相互作用与相互影响,关系到语言以及社会的各个方面,因此社会语言学是一个多重交叉的学科,与语言学、社会学、心理学、文化学以及人类学等学科相关交叉。

语言是多样的和不断变化的,这是社会语言学最基本的观点。语言的多样和变化,原因是社会的多样与变化。"多样性"是社会语言学最重要的概念。一方面,语言有多样性,语言与语言之间存在差别,语言内部的结构形式也不尽相同;另一方面,语言的使用也具有多样性,个人与个人之间、群体内部以及群体之间都不一样。语言的多样性是语言变化的原因和条件,观察语言的多样性就是观察语言的动态和变化,而了解语言的动态和变化可以帮助我们了解社会的变化与发展。

一、社会语言学与普通语言学

社会语言学是一门交叉学科，首先与普通语言学交叉。现代语言学起步时，社会语言学被纳入语言学这个大范畴里，属于旗下一个分支。但是，随着社会的发展，社会语言学和普通语言学的区别越来越明显。因此，有些语言学家就提出来，社会语言学可以成为一门独立的学科。但有些语言学家不同意，认为社会语言学仍旧应该是普通语言学的一个分支。双方各执己见的原因是社会语言学和普通语言学既有相同的地方，又有不同的地方。相同的地方是，它们都研究语言；不同的地方是，它们采用不同的方法和视角研究语言的不同方面。

19—20世纪之交，瑞士有一位名叫索绪尔的语言学家开创了现代语言研究的先河，普通语言学诞生。受到当时"科学主义"影响，索绪尔等普通语言学的先驱们把语言研究当作"物理学"一样的学科来对待，确定"语言形式"为研究对象，"定性分析"为基本方法，"普遍规律"为研究目的，焦点放在：（1）语言的人性问题。区分人类与动物，只有人类有语言，其他动物没有语言；（2）语言的普遍性。归纳或演绎"普通语法"；（3）语言基因。探索人类语言习得的内在机制；（4）语言的功能。讨论信息传递和语言交际的规律。

所以，普通语言学是一门"理解和解释语言结构普遍规律的科学"。模仿自然科学的切分法，普通语言学首先将学科分为语音学、语形学、句法学、语义学等，分别研究语音、语形、语法、语义的结构；接着如化学将研究对象分层次切分成分子、原子、电子、中子、质子、微子等一样，将研究的对象切割成若干单位，比如语音学把语音切分成音位、音位变体、音素、元音、辅音、单元音、双元音、三元音等；然后分析它们的结构性特征和规律。

但是我们知道，语言不仅有形式结构的问题，而且还有实际使用的问题。普通语言学只注意"形式结构"，忽略"实际应用"。很显然，这是不够的。弥补这一不足的任务由社会语言学承担了起来。社会语言学确定"语言使用"为研究对象，通过观察和分析语言使用的环境，包括语言本身和社会环境，理解和解释语言的多样性。模仿其他社会科学，社会语言学研究语言具体的"表现"，兼用定性、定量等民族志和社会学研究等常用的方法（包括统计法），焦点放在语言的多样性和不同社会群体的语言使用情况，包括不同的民族、文化、城市、族裔、社团、性别、年龄、职业等，探求社会环境是如何决定语言使用、语言使用的多样化、有什么样的社会功能等。

同普通语言学相比,社会语言学有几个明显的差异。第一,研究对象不同:普通语言学研究语言的形式;社会语言学研究语言的行为。第二,研究目标不同:普通语言学归纳或演绎语言的普遍规则;社会语言学探索语言与社会之间的相互关系和作用。第三,基本方法不同:普通语言学方法比较单一,主要是"归纳"或"演绎";社会语言学方法多样,包括观察、描述、对比、定性、定量、统计、分析等。

因此,虽然从大体上说,普通语言学和社会语言学都与语言研究有关,但实际上两个领域之间的区别很大,完全可以成为两门相互独立的学科。

二、社会语言学与社会学

与社会语言学交叉的第二门学科是社会学。社会学是研究社会的学问。这一学科的奠基人孔德说,社会学是研究社会现象的抽象和科学的理论,其目的是探索支配诸多社会现象的自然规律。这是社会学最初的定义,现在的社会学家大多认为,社会学是研究社会结构、社会理念以及发展过程的科学。

从大的方面说,社会学系统观察、分析、研究人类的社会行为,构成解释这些行为的系统知识和科学。但是,与其他科学相比,社会学有许多特征。

首先,社会学研究社会的整个系统和发展过程,包括人类行为的方方面面,可以说,天底下一切事物都在社会学的考察范围之内。而且,我们的行为纷繁多样,变幻莫测,我们无法准确预测自己的行为,也无法准确无误地从中抽象出普遍的规律和准则。所以,社会学不同于其他科学,试图从众多反复多变的现象中寻求其永恒不变的普遍规律和准则,而是描述和解释这些现象发生、发展以及相互影响和相互制约的过程及其关系。

第二,社会学研究的范围十分广泛,研究对象包括:(1)社会;(2)社会关系;(3)社会生活;(4)人类的群体行为;(5)社会活动;(6)社会关系形式;(7)社会群体和社会系统;等等。但最主要的主题是"社会关系"。

第三,社会学不同于自然科学,不讲普遍规律,反对普适性,崇尚相对性。例如,观察分析非洲的蚂蚁、南美的仙人掌、北欧的极光，研究人员可以客观地对待那些研究的东西，但是，社会学者很容易受到社会的各种影响，用自己所熟悉的标准判别是非。经典的人类学和社会学没有能摆脱社会的影响，以自身社会为标杆，追求社会关系和人类活动的普遍规律，成为"西方中心主义"或"欧洲中心主"的产物。如果要使社会学能够客观公正，研究的目标就不能定位在探索普遍规律上，同时要摆脱本身所在社会的影响和干扰，把本身所在的社会作为"之一"，而不是"唯一"。所以，对社会学而言，相对性既是研究目标，又是理论原则。

无论研究目标还是理论原则，社会语言学与社会学有很多的相似之处。

首先，社会语言学不注重语言使用的客观规律，更不注重语言本身的形式逻辑。社会语言学描述语言使用状况，探索语言使用状况后面的社会因素及两者间的关系。比如，拉博夫1963年在美国东北部马萨诸塞州杜克斯县马撒葡萄园岛进行了一项语言使用的社会语言学调查，调查当地居民/aʊ/和/aɪ/这两个英语双元音的发音情况。调查结果显示：语言使用者的年龄、职业和他们所处的社团结构与性质是影响语言使用的重要因素。很清楚，拉博夫所关心的并不是这两个英语双元音发音的抽象规律和普遍准则，而是它们的变化以及变化的原因。他也不是从语言本身去寻找这一变化的原因，而是从语言使用者的年龄、职业和社区结构特征等社会因素，去看它们对语言使用所产生的影响，寻找语言变化的原因。所以，不难看出，同社会学一样，社会语言学不去从众多反复多变的现象中寻求其永恒不变的普遍规律和准则，而是描述和解释这些现象，看它们的发生、发展以及相互影响和相互制约的过程和关系。

第二，与社会学一样，社会语言学研究的范围十分广泛，方法多样。社会语言学关注的是语言使用与社会因素之间的关系。语言渗透于社会的各个方面，语言的使用和社会各个方面联系紧密。研究这一关系，势必涉及语言与社会各个方面。比如，有人把语言同交际、民族、语言规划联系在一起；有人把语言同文化、生态、人权、政策、外交以及全球化联系在一起。由于社会语言学研究的范围十分广泛，研究方法也十分多样，不仅有语言学、社会学、民族学的方法，还有人类学、政治学、历史学、文化学、经济学等方法，可以说博采众长。

第三，同社会学一样，社会语言学有一个宽泛的理论基础。如涉及政治学，政治学基本理论就会成为它的基础理论；讨论到历史学，历史学的基本原理也就会进入它的理论框架。早期的社会语言学理论框架比较单一。比如，拉博夫创立了社会语言学"量化分析模式"，研究语言的变化，但是他们也要采纳和参照其他理论。社会语言学研究参照其他相关理论是由它的研究范围和内容所决定的。研究语言人权，很难想象可以忽视关于人权的基本理论；研究语言生态，也无法摆脱生态学的基本理论。研究内容有交叉，就有理论与方法的交叉。社会学如此，社会语言学同样如此。

社会语言学同社会学也存在明显的区别。最根本的区别在于研究对象。社会学研究的对象是社会万象，而社会语言学研究是"通过语言变化看社会万象"或"通过社会万象看语言变化"。

三、社会语言学与语言社会学

社会语言学可以分成"社会语言学"与"语言社会学"两个方面。社会语言学的英文是"sociolinguistics"，语言社会学的英文是"sociology of language"。社会语言学侧重"社会对于语言的影响"；语言社会学侧重"语言对于社会的影响"。前一种是语言与社会的被动关系，后一种是主动关系。

总体说来，社会语言学研究活生生的语言现象。早晨上班路上，向迎面走来的一个人打个招呼："上班去？"或"早饭吃了吗？"与什么人打招呼？为什么要打招呼？怎样打招呼？这些不是单一的语言问题，其中包含社会因素，说话人之间的关系，说话的时间、地点、主题、目的，以及说话人所在社区的文化传统、交流习惯甚至经济状况等因素。因为同样的招呼有许多不同的表达方式："早上好！"、"这么早？"、"你好！"、"嘿！"、"喂！"以及招手、点头、微笑等。而打招呼的人使用其中的一个方式不是没有原因的随意之举，而是受文化传统、亲疏程度、性别、时间地点等因素影响和制约的言语行为，虽然这种制约与影响大多是在说话人自觉或不自觉的情况下发生的。我们知道，招呼人不是真的关心被招呼人是否用过早餐或者是否真的去上班，而是表示一种相互熟识的意思而已。这叫"寒暄"。通过寒暄，招呼人与被招呼人之间的社会关系被确认。这就是语言对社会的影响与作用。用韩礼德的话说，这是语言的"社会功能"。由此可见，语言与社会之间的互动关系可以归纳为两种:"因"和"果"。社会因素制约语言为"因";语言影响社会为"果"。因此,社会语言学关注"因";语言社会学关注"果"。

哈德逊把社会语言学称作"微观社会语言学",把语言社会学称作"宏观社会语言学"。社会语言学研究的是"与社会关联的语言";语言社会学研究的是"与语言关联的社会"。

社会语言学的焦点是"语言",社会各方面的因素影响语言的结构与形式,比如说话人的社会身份、文化传统、性别以及民族背景,这些社会因素都会影响甚至决定一个人选择语言结构以及形成言语交流方式。简单说来,语言形式的变化是因人、因时、因地、因事而异。比如,社会场合的不同会使人们采取不同的说话方式和语言结构。开会发言,用"严肃语体";朋友交谈,用"随意语体",而且语体的严肃与随意程度是相对和动态的,随交流场合、主题、对象、时间等因素变化而变化。

语言社会学关注的焦点是"社会",研究某一个社区的语言,目的是为了发现和理解社会结构的作用以及该社区人们如何利用这些社会结构进行恰如其分的交际。比如,某个部落的不同成员,包括部落首领与普通成员,他们之间交流中所用的语言表达方式往往是不同的。这些不同的语言表达形式是如何形成的?它们又是如何显示和确定这些部落成员不同的社会等级和身份的?这是语言社会学所关注的东西。可见,语言社会学的着眼点在受语言影响的"社会"。

第二节 社会语言学研究什么?

上面我们已经讲到,社会语言学研究的范围很广,内容很多,几乎涉及社会的各个方面。挑几本社会语言学的教科书,看看里面的目录,能够大致看到这一领域研究的具体内容。比如,社会语言学经典之一,特鲁吉尔2005年的《社会语言学》(第4版)一书列出了下列几项内容:

(1) 语言与社会等级
(2) 语言与族裔团体
(3) 语言与性别
(4) 语言与语境

（5）语言与社会交流
（6）语言与民族
（7）语言与地域
（8）语言与接触
（9）语言与人性

哈德逊2001年的《社会语言学》（第2版）列出的课题除学科介绍、方法阐述以及理论概括三大部分之外有：语言变体、语言与文化及思维、社会言语交际、语言平等与社会公正等。瓦道夫和弗勒2015年《社会语言学概论》（第7版）的内容与范围似乎更多更大。概论主体分四大部分。第一部分：语言与社区，包括语言、方言、语言变体、言语社区、语言接触、通用语言、皮钦语、克里奥语、双语制、多语话语、语码转换等课题；第二部分：语言的内在变体，包括语言变化、地域变体、社会变体、变化过程等课题；第三部分：语言与交流，包括社会语言学的民族志研究、语用学、话语分析等课题；第四部分：社会语言学与社会正义，包括语言与性别及语言性别主义、社会语言学与教育、语言政策与语言规划等课题。

这些经典教科学所列出的研究方向林林总总可大致分为三大板块：语言与社会交流；语言、民族、文化；语言与社会公正。

一、语言与社会交流

语言与社会交流这一块所涉及的话题很多，其中包括特鲁吉尔的语言与接触、语言与社会等级、语言与地域、语言与语境，哈德逊的语言变体和社会言语交际，瓦道夫和弗勒的语言与社区、语言的内在变体和语言与交流三个部分。

由于缺乏记载，人类早期的语言状况，包括语言诞生和初期发展的情况，至今仍旧是一个无法解答的谜。但是，随着人类社会从相对封闭的社区发展到不同社区之间交往的阶段，就开始了不同语言之间的接触与交流。社区之间的交往与交流越广泛，不同语言之间的接触与交流便越频繁。从社会这一层面看，语言接触通常是在不平等的社会交流情况下进行的，比如军事征服、殖民统治以及奴隶移民等，类似的语言接触充满矛盾与冲突，相对平缓的语言接触发生在早期不同原始部落之间的贸易或现代社会的城市化进程中。从语言这一层面看，语言接触结果层出不穷，连绵不断，构成了缤纷灿烂的语言发展史。从社会与语言互动关系看，语言接触既是社会交流的结果，又是社会交流的过程。社会语言学家所关注的是，语言接触过程中语言与社会的互动关系，包括宏观和微观的关系。一方面，语言在社会交流中发生接触，并在接触中产生变化；另一方面，语言变体指示社会状态，并促使社会结构变化。

"语言社区"是社会语言学家所关注的一个重要问题，也是语言接触研究的关键概念。语言社区是指使用同一种语言的一个群体，他们对所说语言的语法规则和语用原则有统一的认识。这一群体可以是一个国家、一个民族、一个族裔团体、一个职业组织、一个居民社区或一个志同道合的团队，只要他们是一个认同和遵守统一语言规则和语用原则的说一种共同语言的团队。语言社区既是一个社会语言学概念，又是一个社会语言学研究的"抓手"。

语言的社会差异主要表现在"社会方言"。社会方言是人与人之间的社会距离的结果。每一个社会阶级、团队或群体，无论大小，都会有自己特定的语言表达方式，那就是社会方言。我们会通过它来认识社会群体之间的不同。社会等级与距离越大，社会方言的差别就越大。比如北京方言里面的"你"和"您"的用法：晚辈称呼父母用"您"，下属称呼上司用"您"；相反，父母称呼子女和上司称呼下属用"你"，陌生人之间用"您"互称，而亲朋好友之间用"你"互称。前者由社会等级差别所致；后者由亲疏程度不同所致。两者都是社会距离的产物。

地域差异产生的变体叫做"地域方言"。地域方言要比社会方言更容易理解。地域方言就是语言的地区变体。比如，汉语有许多方言，每一个方言又有不同的变体，同样是北方方言，黑龙江的方言不同于武汉地区或江苏苏北的方言。虽然这些方言大部分都是表现在语音差别上面，但有的方言也有语法变化，比如汉语中的吴方言与北方方言。

关于语言社区、语言接触以及语言接触所产生的各种语言变体的研究是社会语言学的重要内容，也是这门学科传统的基础。

二、语言、民族、文化

语言与民族、语言与文化的研究是社会语言学另一重要部分。语言与民族的关系既紧密又复杂。原始部落时期，每一个部落就是一个语言社区，使用一种语言，名称也简单，因为部落就是语言，语言就是部落。北美原住民部落语言的数量是以部落为计的。纳瓦霍部落就是说纳瓦霍语的部落，切罗基族是说切罗基语的部落。当人类社会发展到出现国家的时候，语言与部落一一对应关系被打破。现在世界上几乎没有哪个国家是建立在一个民族基础之上的。即便只有一种语言的冰岛现在也有其他国家的移民，他们必定带去自己的语言。所以，语言、国家、民族三者之间的关系在当今世界变得模糊与复杂。

首先看民族。什么叫民族？民族有许多定义，而且随着时间而不断变化。有些人把民族这一概念与族裔群体联系在一起。一个族裔通常具有共同的历史、文化以及共有的领土和群体意识。民族与此相似。斯大林有一个常被人引用的定义：民族是一个经过长期稳定发展而成的拥有语言、领地、经济生活以及心理基础的文化群体。这里的心理基础指的是人们的主观愿望。斯大林的定义包含了许多要素，但其中还缺了一个其他人通常会纳入的宗教。

再看语言与文化。克拉姆齐认为语言与文化的关系体现在三个方面：第一，语言反映文化。语言反映社会现实与经验及其整个世界，因为人们是通过语言来感知世界和建构知识体系的；第二，语言包含文化。人们不仅用语言表达思想与经验，而且创造思想与经验，以及建构文化；第三，语言表达文化。语言是一个符号系统，承载文化信息，体现文化价值。语言是社会认同的标记，也是文化认同的源泉。所以，语言是文化的生命和动力。

从上面简单讨论可以看出，对于一个民族而言，语言与文化是其最为重要的因素，没有语言与文化，就不成其为民族。一个民族有一种语言，一种语言又有一种文化；一个有许多民族的国家，就有许多种语言、许多种文化。所以，多民族国家便有了社会语言学家所感兴趣的双语并存和多语并存等现象。双语并存或者多语并存便会滋生许多社会语言学所关注的课题，比如，民族语言之间的关系、语言接触与矛盾、语言规划与管理、语言平等和社会公正、语言政策与民族政策、语言生态与语言战略等。当然这些课题大多数属于哈德逊称为"语言平等和社会公正"范畴研究的课题。

三、语言与社会公正

语言平等与社会公正是社会语言学新兴的研究领域。第一个能够被列入这一领域的课题是语言政策与规划。语言政策与规划关乎国家的语言管理和规划。比如,一个新生国家需要代表或象征这个国家的语言,在权衡各种利弊之后,确立一种或几种语言为国家通用语言或者官方语言。有些国家通用语言被确定之后,还需要发展与建设——有些语言需要文字,有些语言需要一定程度的标准化,等等,所有这一切都是在国家层面上展开和进行的,都是国家行为。因此,研究语言政策和规划需与相关国家的政治、历史、文化乃至经济联系在一起。

语言濒危是语言平等和社会公正研究的第二个主题。20世纪中叶,不少社会语言学家开始关注濒危语言的问题。比如,费什曼1951年就开始著文探讨语言忠诚、语言复苏和语言失落的问题。早在20世纪初的时候,美国人类学家布厄斯以及他的学生们就已关注到语言的衰亡,开始记录濒危语言,开创了描写语言学的先河。但是,真正对濒危语言命运的关注是在20世纪中后期,尤其是1991年美国语言学会年会专题讨论濒危语言问题后才逐步形成。这次会上,社会语言学家海尔、克鲁斯、格林瓦尔德以及山本等人发出呼吁,人类社会语言的衰亡由于全球化进程的加速而显得愈来愈严峻,语言学家应密切关注正在急剧衰亡的人类语言。

语言平等与社会公正研究第三个主题是:语言生态、语言人权以及强势语言的传播。语言生态学由美国社会语言学家豪根所提出。豪根认为,与生物一样,语言也有一个属于它的生态,研究语言生态的科学便是语言生态学。豪根将语言生态学定义为研究相关语言与环境之间相互作用的学问。他认为:语言生态的决定因素是学习、使用、传承语言的人。良好的生态有益于语言的生存和发展;相反,恶劣的生态不利于语言的生存和发展。大多数濒危语言生态恶劣,生存和发展受到威胁。

丹麦社会语言学家斯库特纳博—康格斯和英国语言学家菲利普森在20世纪末系统地提出了"语言人权"理论。他们将语言与权力之间的关系作为理论的出发点,指出语言是一种权利——一种基本的人权。他们认为,人们有权"认同母语,用母语接受教育,进行交际,享受公共服务等"。斯库特纳博—康格斯和菲利普森非常尖锐地指出,几乎在世界的每一个地方都能见到剥夺这一基本人权的现象,大多数少数民族语言遭受歧视,有些少数民族群体的母语得不到承认,比如生活在土耳其的克族人。目前,世界上超过6,000种的语言无权作为相关民族教育、法律与公共事务的用语。大部分"原住民语言"如此,几乎所有移民的语言更如此。他们认为,语言权被剥夺,语言的生存出现危机，作为民族认同核心的民族语言消亡了，这个民族就不复存在，因此剥夺语言人权就是剥夺了人的基本生存权；相反，维护语言权就是维护语言的生存和发展，同时保护了所用语言的民族的生存和发展。

与濒危语言以及语言人权研究关系十分密切的另一项研究是"语言传播"。语言传播主要是指强势语言的传播，典型例子是"英语在世界范围内的传播"。强势语言的传播研究起源于社会语言学传统的语言变化与语言接触研究。法国社会语言学家卡尔维认为，语言变化和衰亡的原因不在语言本身，语言的变化是在一种特定的社会环境中和历史条件下进行和完成的。考察语言变化与衰亡的原因，必须把它与社会联系起来，从历史的角度加以研究和分析。卡尔维指出，语言接触和冲突事实上是语言之间你死我活的斗争，一些语言作为胜利者生存了下来，一些语言作为失败者而灭亡了。人类世界是一个多语世界，语言之间的接触不可避免，随着人类生产方式的不断改变，语言间的接触变得越来越广泛和频繁，争斗也越来越激烈。

关于强势语言传播的问题，菲利普森等人的观点更为鲜明，焦点更为明确。菲利普森在1992年出版的《语言帝国主义》一书中指出，世界范围内的英语教育是另一种帝国主义行径，他把这种帝国主义叫做"语言帝国主义"，是英语在已有并不断强化的结构性优势与文化强势基础上建立起来的语言霸权，英语在世界范围内的广泛传播本质上就是一种帝国主义在后殖民时期的表现。18世纪以来，伴随英语国家在政治和经济上对其他国家的攻克，英语开始向世界各地传播。当世界进入后殖民时代，它的主要传播方式与途径是英语教育。全球范围内的英语教育损害了其他语言的权利，使原本应该广泛实施的多语教育处于边缘化状态，其结果是，英语霸权得以进一步巩固和强化的同时，使其他语言与文化，包括生活方式经受冲击，并逐渐走上衰微与濒危道路。

第三节　社会语言学是怎样发展来的？

在许多学者眼里，社会语言学是一个相对年轻的学科。他们认为，社会语言学诞生至今，不过是半个世纪左右的时间。这些人把社会语言学的起始确定在20世纪60年代美国拉博夫等人的语言研究。但实际上，人们对语言与社会之间互动关系的研究在这一时期之前就已开始，甚至"社会语言学"（sociolinguistics）这一名称也不是美国拉博夫等人的专利。英国剑桥大学《社会中的语言》杂志1979年第1期上有一则关于社会语言学起源的简讯，其中豪根提到，库利在1949年提交给学术研究会，并在1952年发表的一篇论文中就已使用过"社会语言学"这一术语。简讯还提到，印度使用这一术语甚至更早：印度学者哈德森1939年发表于《印度人》杂志的一篇文章的题目就是"印度的社会语言学"。

专门探索社会语言学历史的科纳的研究成果则表明，社会语言学的历史至少应该追溯到19世纪后半叶的欧洲语言研究。而且苏联的语言学在20世纪60年代美国社会语言学兴起之前就已十分兴旺。所以要相对完整勾勒社会语言学的历史，我们必须从19世纪下半叶的欧洲开始，然后看苏联社会语言学，最后再看美国的社会语言学。

一、欧洲语言学传统

19世纪德国有一位名叫施莱切尔的语言学家是语系理论的开拓者。他认为语言是一种生物，有诞生、发展、成熟至死亡的周期。因此，语言学是一门自然科学。这一观点与当时盛行的科学主义（包括达尔文主义）十分吻合。但是他的观点遭到了一批学者的挑战与批判，之后促使欧洲的语言学观发生了一个重大转变。他们认为，语言学不属于自然科学，而是属于社会科学。比如，保尔十分明确地认为，语言学是一门"道德科学"，所以它始终是一门社会科学。保尔指出，只有在社会交流过程中才有语言形式的构成。社会成员之间不断进行的交流致使参加交流的个人不断地变化和更新语言形式。而个人变换语言的形式是有一定限度的，对于个人的限制来自他所在的语言社区。语言变化不仅是个人的创造，而且是社会对个体语言使用的制约结果。这清楚地表明，保尔等19世纪欧洲语言学家已经看到了语言的社会性，研究的着眼点已经移到了语言的实际使用这一点上。

对语言社会性的认识，并不是保尔一人达到了如此深刻的程度。比如，对现代语言学创始人索绪尔产生重要影响的惠特尼认为：言语不为个人所拥有，而是社会的财富。它不属于个人，而属于社会的全体成员。现存语言中没有哪一个项是个人的创造，因为我们所认真选择使用的语言在我们同伴接受之后才是真正的语言。虽然语言起源自个人活动,但其整个发展恰是社会全体成员共同努力的结果。这一思想明确地指出了语言的社会性特征。

欧洲语言学另一个研究传统是方言地理学。方言地理学指的是方言地域分布情况的研究,包括地域因素(如山脉河川、森林沙漠等)对方言扩展的影响等。关于方言的研究,早在12世纪英国就有记载。但欧洲方言研究的全盛期是在19世纪下半叶。这同温克尔所创建的"马伯格学派"有关。这一至今仍旧活跃在语言学界的学派在凝聚和培养了一批方言学家的同时,将传统的方言学转变成了现代意义上的社会语言学。这一学派第一个具有影响的成果是雅伯格和裘德等人合力编著的《意大利与瑞士南部语言及民族志地图》;第二个具有影响力的成果是由温克尔创意,并由他在马伯格大学的继承人乌雷德所完成的《德国语言地图》。在这之前,乌雷德就把民族志与方言学结合在一起,并把语言之间的借用现象分成"个别语言"和"社会语言"两类。或许可以认为,这是社会语言学这一术语的首次亮相。

欧洲方言学中的社会语言学成分还远不止这些。类似"社会方言"的现象早已成为研究的对象。比如,洛维1882年发表的文章已经提到社会方言这个概念。再如,魏格纳1891年有一篇文章中有一段描述:马奇得堡地区的农民工大量进入城市打工……使他们与城市工人频繁接触,来自德国乡村的农民工乐意接受城市居民语言的影响,乡村方言与城市语言的距离越大,乐意程度就越高,同时对城市优越生活的崇拜心理越强。类似的观察和描述已经和现代社会语言学的研究差不多。而且此类观察在当时的欧洲语言学研究成果中已有不少。

二、苏联的语言研究

英国谢菲尔德大学有一位学者2003年在《社会语言学杂志》上发表了一篇题为《苏维埃社会语言学起源》的文章,文章指出,1920—1930年期间"列宁格勒多元文化研究所"艾亚库宾斯基、拉林和切尔孟斯基三位语言学家的研究能够称得上社会语言学的早期研究。他们把苏联传统的地域方言研究理论、马克思社会学理论以及当时的语言冲突和规划理论结合在一起,深入地研究了语言所反映的社会学问题。他们都是波兰著名语言学家鲍德文的学生,苏联著名语文学家、考据学奠基人沙克马托夫的方言研究也对他们产生了深远影响。他们对社会语言学起源以及马克思主义与语言学理论关系的进一步思考与探索,形成了苏联社会语言学的早期传统,其中包括方言地理学、语言政治学和作为社会科学一部分的语言学。

俄罗斯的方言地理学历史悠久,1917年革命之前就已经是一个成熟的学科。这与欧洲方言地理学传统有关。早在19世纪中叶,语言学家斯雷兹内夫斯基创立了这一学科。19世纪下半叶,鲍德文、索伯勒夫斯基、沙克马托夫以及莫斯科方言学委员会对斯拉夫方言进行了开拓性的研究。列宁格勒多元文化研究所的语言学家拓宽和强化了这一学科。20世纪20年代中期,切尔孟斯基开始从事俄罗斯德国殖民地的方言学、民俗学和民族志研究。切尔孟斯基曾与德国著名大学的同行合作过,接受了欧洲语言学理论。但他并不满足于方言的地域分布研究,而开始思考当代西方社会语言学家所集中关注的问题。他认为,方言变化不仅仅是地域变化,而且与社会结构有密切的联系,因此传统的地域方言研究方法不能够解释所有的方言现象,而必须采用社会方言的方法来解释。切尔孟斯基甚至还关注过双语现象。虽然拉林没有切尔孟斯基那样直接同西方学者接触过,但他仿效西方方言学传统,进行实地考察,绘制斯拉夫方言地图。在俄罗斯学术界,国家官方通用语言被称作文学语言。拉林认为,关于国家官方语言的发展与命运,必须运用社会学原则来研究,而且还需探讨这一语言的环境,包括它与其他书面语言以及城市口语变体的关系。列宁格勒多元文化研究所的另外一位主要成员艾亚库宾斯基则对方言与社会阶层的对应关系产生了浓厚的兴趣,他在研究中发现,工人阶级使用的方言与资产阶级、封建贵族使用的方言是完全不同的,甚至同从农民阶级演变而成的无产阶级所用的方言也有区别。

苏联早期社会语言学传统的第二个部分是作为社会科学研究的语言学。列宁格勒的语言学家认为,语言科学就是社会科学,他们把马克思主义同语言科学结合起来,试图构建"马克思主义语言学",其中最为显著的是马尔的"语言新理论"。这一理论认为,语言形式与社会经济因素之间存在直接对应的关系。他认为,世界上本没有语系,一个国家一般只有一种语言,这个国家不同的阶级使用的语言会出现不同变体。

除上述两个方面之外,这一传统的第三方面是语言政治学。与列宁格勒语言学家合作紧密的波兰语言学家鲍德文为此作出了重要贡献。鲍德文在1905年一篇文章中指出,没有哪种语言应该被赋予国家语言的地位，当一个国家的人数占优势的民族的语言用作国家通用语言时，不能禁止其他民族语言的使用，每一个公民有权使用自己的语言与国家中央机构进行交流，必须有用少数民族语言进行的教育，因为只有完全自由的语言选择权，才能保障一个多民族国家的和谐和团结。可以看出，这些思想就是一个世纪以后北欧出现的"语言人权"理论的基本观点。也许受到鲍德文语言权利思想的影响，早期苏维埃政权领导人的语言观十分民主。比如，列宁指出，俄罗斯马克思主义者认为……（国家）不应该有强制性的官方语言……（国家）应该为其公民提供用所有地方语言教学的学校……宪法必须增加一条基本法，废除任何民族的特权，少数民族的权利不得侵犯。所以可以说，布尔什维克政权早期的语言政策的理论来源是鲍德文等人所持的语言权利观。十月革命后的苏联语言学家的语言研究因此而同当时的政治有着十分紧密的联系，语言学家的语言研究帮助新生的苏维埃政权解决语言问题以及相关的民族问题。他们的语言学便成了语言政治学。

从上述简要的介绍可以看出，实际上，苏联的社会语言学研究已经十分成熟，从方言研究到语言与社会因素关系研究，再由语言规划政策到语言平等和社会公正研究，涉及的范围与内容几乎覆盖了当今社会语言的基本内容和范围。

三、美国的社会语言学

与欧洲和苏联相比，美国的社会语言学传统影响要大得多，主要原因也许是这一时期在美国集中出现了一群著名的社会语言学家。斯波斯基在他《社会语言学的历史》一文中指出，美国社会语言学有六位"奠基之父"。他们是拉博夫、海姆斯、冈珀斯、弗格森、费什曼和伯恩斯坦。除这六个人之外，他还提到布赖特、格林萧、豪根、维因利奇和欧文—特里普等人。这些社会语言学家除伯恩斯坦以外，清一色都是美国人。斯波斯基认为社会语言学起源于美国。美国社会语言学传统研究的人数之众、声望之高，是无可比拟的。

拉博夫出生于新泽西州的卢德福德，大学就读于哈佛，毕业后从事工业化学研究，20世纪60年代起开始从事语言研究。通常被认为是美国社会语言学破土之作的《马撒葡萄园方言变化研究》是他的硕士学位论文。硕士毕业后，在哥伦比亚大学继续读博士，师从维因利奇。毕业留校任教六年后，受聘宾夕法尼亚大学教授职位，从事社会语言研究与教学，直至今日（2014年初半退休）。

我们在本章第一节里已经提到马撒葡萄园的方言研究。此项研究是美国社会语言学的破土之作，拉博夫不仅注意到了语言与社会之间紧密的关系，而且对语言的变化与社会因素之间互动关系进行了深入研究。在理论上，拉博夫主张研究具体的语言变化；在方法上，拉博夫通过实地观察、问卷调查和个别访谈等途径收集语料，并在这基础之上，对语料进行描述和分析，找出语言与社会之间相互作用的关系。

拉博夫在马撒葡萄园方言变化研究的基础上，对美国其他语言社区进行了调查研究，其中包括他的博士论文课题——纽约城市语言变化调查、美国黑人英语调查，以及北美英语调查等。这些研究从理论上和方法论上为美国的社会语言学传统奠定了坚实的基础。

与拉博夫不同，海姆斯的贡献在于语言民族志研究。他率先提出"语言人类学"，以人类学为基础研究语言，同以语言学为基础研究人类学的"人类语言学"区分开来。他于1972年创办《社会中的语言》杂志，担任主编二十余年。海姆斯的主要研究在于语言与社会语境两者之间的关系，开拓性地把语言表达同社会关系联系在一起。与拉博夫一样，他把研究的着眼点放在语言应用上，反对乔姆斯基语言学只注重语法规则知识而忽略语言运用，提出"交际能力"这一概念，强调在特定社会文化语境中准确使用语言的知识和能力。由于准确使用语言的知识与能力因语言社区的不同而异，海姆斯的调查研究呈现出民族志的特征。

在建构社会语言学这一学科的奠基性工作中，冈珀斯的贡献是对语言交际的研究。他的研究被称作"交际社会语言学"。冈珀斯出生于德国，是一位犹太人，为了躲避纳粹迫害，1939年逃亡并定居美国。他同海姆斯合作，开始了语言研究生涯。他在海姆斯研究的基础上，将关注重点放在不同语言社区所拥有的不同权力上，发现任何一种语言的标准形式（即一般在正式场合使用的形式）是这个社区已经拥有权势的人们所用的方言，他把这种方言叫做"强势方言"。同时他发现，不说这一方言的人们拥有他们自己的，但权势比较弱的方言。冈珀斯感兴趣的是，交际者的社会等级和文化特征是如何影响他们理解和设置会话意义的。他的研究为语用学传统的会话研究和话语分析增添了社会语言学的色彩。

弗格森的贡献是"双语制"的研究。他是一位语言天才，懂多种语言。他的多语能力得益于说德语的祖母和中小学老师的语言教育。在中学里他学会了拉丁语、法语和德语。在宾夕法尼亚大学，他又学会了希腊语、现代希伯来语和古英语。大学本科修学东方学，因此又接触了摩洛哥语和孟加拉语。他的第一篇文章也是他最出色的代表作，是关于双语制的研究。这是社会语言学上的一个经典，引发了3,000多篇文章的后续研究。在之后的研究中，弗格森除了反复修正双语制研究的理论与方法之外，还对其他语言现象进行了深入探索，比如包括孩童语言、运动赛事评论在内的语体和礼貌用语研究，发表论文1,300多篇。

宏观社会语言学的奠基人是费什曼。他所关注的是社会语言学的宏观问题，大部分研究是关于语言平等和社会公正的论题。费什曼也是一个犹太人，但出生在费城的一个犹太社区。如他自己所言，这对社会语言学研究而言是一个极佳的环境，那里所说的语言是意第绪语。就像豪根因其母语受到歧视促使他研究少数民族语言，从而开创了生态语言学一样，母语受到歧视使费什曼开始从事研究少数民族的语言。他第一个研究目标就是意第绪语的保护问题。从此，少数民族语言以及濒危语言研究成了他的研究核心。他把自己的研究归纳为"语言社会学"。他的研究开创和奠定了宏观社会语言学的基础。

斯波斯基提到的六位社会语言学奠基人中，伯恩斯坦比较特殊。他实际上不是美国人，而是英国人，而且是一位社会学家。语言学界普遍认为，1964年夏天召开的"布卢明顿语言学研讨会"是社会语言学研究领域开始的标志。所有奠基人都出席了这次会议，而伯恩斯坦受到邀请却没有参加。1963年，志同道合的语言学家为筹划1964年的研讨会成立了"社会科学研究部社会语言学会"，这个学会一直延续到1970年初。所有奠基者参加了成立大会，并一直为学会工作至学会解散，而唯有伯恩斯坦除外。伯恩斯坦被列入社会语言学"奠基之父"，是因为他的"语码理论"吻合了美国社会语言学的基本理论。伯恩斯坦的语码理论主要指的是，人们在日常交流中使用的语言反映并构建所用语言群体对外界事物的理解和解释。伯恩斯坦是一位教师，在教学过程中，他发现中产阶级子女与普通工人阶级子女学习成绩差异是由所用语言的差异所造成的。共同的事物，不同的语码会导致不同的理解。因此，伯恩斯坦的语码理论是从社会语言学视角研究教育的基础。

斯波斯基提到的其他几位开拓者为美国社会语言学奠基而作出的贡献分别是：豪根的双语研究和语言转换以及语言生态学；维因利奇

的语言接触研究；欧文—特里普的跨文化儿童语言习得研究。

从上述简要概述，我们可以看出，1960年代美国集中出现了一批志同道合的语言学者，他们在批判乔姆斯基语言学的基础上，把语言研究着眼点从抽象的结构规律转移到了语言的实际使用，共同构建了美国社会语言学这一影响极为深远的传统。

思考题

1. 社会语言学的研究对象是什么？
2. 社会语言学与普通语言学的主要区别在哪里？
3. 什么叫宏观社会语言学和微观社会语言学？
4. 社会语言学与语言社会学有没有差别？
5. 社会语言学起源于19世纪欧洲还是1960年代美国？为什么？

推荐阅读

Hudson, R. A. 2001/1980. *Sociolinguistics*. Cambridge: Cambridge University Press.
Labov, W. 1972. *Sociolinguistic Patterns*. Philadelphia: University of Pennsylvania Press.
Trudgill, P. 2000/1974. *Sociolinguistics*. London: Penguin Books.
游汝杰，邹嘉彦，2009，《社会语言学教程》，上海：复旦大学出版社。
祝畹瑾，2013，《新编社会语言学概论》，北京：北京大学出版社。
.

第二讲 语言接触与变化

本讲主要讲三个问题：第一，语言接触，包括接触的方式、原因以及后果；第二，语言变化，主要讲语言的形态变化；第三，介绍一个语言接触个案，分析语言接触与社会文化的互动关系。

第一节 语言接触

圣经里有一个关于语言的故事，说有一个地方的居民讲一种语言，齐心协力建造了一座通天塔，要与上帝比个高低，上帝很不高兴，于是就把人类的语言分成多种多样、互不相通的语言。这是基督教对语言起源和多样化的解释，当然，这并不科学。但是这个故事说明：我们的语言是从一种发展成多种的。从历史上看，以往大部分时间里，我们拥有的语言数量都很大，当今世界上的语言数量是7,000多种。"语言多样性"是人类社会的基本特征，也是语言接触的前提和条件。语言接触形成互动，从而发生变化。语言接触是人与人之间的接触；语言互动受社会各种因素的制约和影响；语言变化反映社会各层面的变化与发展。

一、世界语言格局

先看一下当今世界的语言格局。

当今世界究竟有过多少种语言？说法不一，有人说，有6,000多种，有人说有7,000多种。美国有一家非营利机构，名叫"国际暑期语言研究所"，1934年成立，对世界语言的变化发展进行了长期跟踪观察，编辑《世界语言概览》，自1951年起，每隔若干年向外公布，至今已更新至第20版。根据最新版概览所提供的世界语言信息，目前世界上仍旧使用的语言是7,099种，具体分布以及语言人口情况见表2.1：

表2.1 世界语言人口以及区域分布情况

地区	语言		人口			
	数量	百分比	数量	百分比	均值	中值
非洲	2,144	30.2	887,310,542	13.4	413,858	29,000
美洲	1,061	14.9	50,704,628	0.8	47,789	1,110
亚洲	2,301	32.4	3,981,523,335	59.9	1,734,625	12,000
欧洲	287	4.0	1,716,625,664	25.8	5,981,274	36,400
太平洋区	1,313	18.5	6,873,346	0.1	5,235	970
合计	7,099	100	6,643,037,515	100.0	935,771	7,000

此表给出的数据是目前关于世界语言及语言人口比较准确的信息。语言人口指的是母语人口，每个人只统计一次，总数是一个近似值，不等于目前世界的总人口。均值指的是每门语言平均人口数量；中值指的是语言人口数量中间的数值，即一半语言的人口高于这个数字，另一半低于这个数字。此表比较清晰地显示目前世界语言的基本格局。

语言人口的多少决定语言势能的强弱，对语言接触产生直接和重大影响。表2.2列出了世界7,000多种语言母语人口以及势能的强弱：

表2.2 世界语言母语人口的分布

人口数	语言		语言人口	
	数量	百分值	总数	百分值
1亿—99,999亿	8	0.1	2,709,546,730	40.78777
1,000—9,999万	82	1.2	2,609,446,190	39.28092
100—999万	307	4.3	948,917,508	14.28439
10—99万	956	13.5	305,209,791	4.59443
1—9万	1,811	25.5	61,803,881	0.93036
1,000—9,999	1,980	27.9	7,630,091	0.11486
100—999	1,064	15.0	470,472	0.00708
10—99	329	4.6	12,268	0.00018
1—9	144	2.0	584	0.00001
0	219	3.1	0	0.00000
未知	199	2.8		
合计	7,099	100.0	6,643,037,515	100.000

整个世界语言人口的分布情况呈现金字塔型，即人口最多的，超

过一亿的语言只有8种，人口在1,000万以上的也只有90种，只占世界语言总数的1.25%；而人口最少的，不到100人的语言加起来共有941种，人口在1万人以下的语言达3,915种，占总数的55.52%。这一现象对将来一个世纪世界语言格局的变化将会产生重大的影响。人口在1万以下的语言，都属于或已接近濒危语言。有专家预言到2100年，50%—90%的语言将会在地球上消失。关于语言濒危问题，我们将在第七讲里面作详细讨论。

《世界语言概览》还列出了目前世界上势能强大的语言，每一种语言的母语人口超过6,000万，但它们只有23种，占世界语言总人口的0.32%。

表2.3 母语人口超过6,000万的语言

名次	语言	祖国	所在国家地区总数	人口（千万）
1	汉语	中国	37	128.4
2	西班牙语	西班牙	31	43.7
3	英语	英国	106	37.2
4	阿拉伯语	沙特阿拉伯	57	29.5
5	印地语	印度	5	28.9
6	孟加拉语	孟加拉国	4	24.2
7	葡萄牙语	葡萄牙	13	21.9
8	俄语	俄罗斯	19	15.4
9	日语	日本	2	12.8
10	雅利安语	巴基斯坦	6	11.9
11	爪哇语	印度尼西亚	3	8.44
12	韩语	韩国	5	7.72
13	德语	德国	18	7.68
14	法语	法国	53	7.61
15	泰卢固语	印度	2	7.42
16	马拉地语	印度	1	7.18
17	土耳其语	土耳其	8	7.11
18	乌尔都语	巴基斯坦	6	6.91
19	越南语	越南	3	6.81
20	泰米尔语	印度	7	6.80
21	意大利语	意大利	13	6.34
22	波斯语	伊朗	30	6.19
23	马来语	马来西亚	16	6.08

我们可以从表2.3中看出，这些强势语言大多数都有比较大的覆盖面，尤其是一些欧洲语言，例如英语的覆盖面达到106个国家与地区，法语达到51个国家与地区，西班牙语达到31个，德语27个。它们在本土拥有的语言人口并不多，但是通过语言传播，在其他地方获得了众多的语言人口。在本土以外获得语言人口是语言接触的产物。上述欧洲诸语言大多是通过海外殖民扩张而获得如此广泛的语言区域和语言人口的。

二、语言的接触与冲突

当今世界语言格局是历史发展的产物，也是语言接触与冲突的结果。根据历史语言学家的观点，目前7,000多种语言可以大致分为20个左右的语系。语言与语言之间的联系可以从它们相同或相近的词汇与语法结构来判断。一个语系有多种语言，这些语言是从一种语言演化而来的。也就是说，这些语言有一个祖先，叫做"始祖语言"。经过若干年的演变，始祖语言演化成许多新的语言，变成一个"语系"。

促使语言演化有多种因素，比如"隔离"。一群说一种语言的人群离开原来的语言族群，完全与外界隔绝，原来的语言发生变化，他们带走的语言也会发生变化，经过一段时间，他们带走的语言与始祖语以及语系其他成员之间发生了重大的变化。促使语言演化更为重要的因素是语言接触。当一种语言与另外一种完全不同的语言接触时，两种语言就会发生相互作用与影响，形成新的语言。世界语言相对的共性实际上就是因为许多语言是通过相互接触而生成的。新的语言在保持原来语言个性的同时，获得了与其他语言的共性。

20个左右的语系中，印欧语系也许可以称作"龙头老大"，语言人口占目前世界总人口一半，从印地语、波斯语到英语，是一个庞大的家族。但有意思的是，它的历史并不长，大致可以追溯至公元前3,000年。那时候，有一个游牧民族出没于欧洲东部和亚洲西部，大约现在的乌克兰一带，他们所说的语言就是印欧语系诸语言的始祖语言。大约公元前2,000年左右，印欧语开始向外扩散，相继进入大西洋海岸以及地中海北岸，同时进入伊朗高原内地和印度大部分地区。在这个过程中，印欧始祖语在与许多当地语言的接触与交融后生成了具有共性又各具特色的家族成员。比如，印地语明显带有泰卢固语、泰米尔语以及马拉地语等当地语言的特征。

另一个语言家族——闪语系——也是从一个始祖语演化而来的。

第二讲　语言接触与变化

闪语是西亚早期历史上重要的语言，现在仍旧具有重要的地位。它们的始祖是阿拉伯南部一支游牧部落的语言。大约公元前3000年，闪语流行于阿拉伯南部至叙利亚北部一片广大的沙漠地带。这一地域的早期文明是由闪族人创造的，比如巴比伦人、亚述人、希伯来人以及腓尼基人。当时中东有一种称作"亚拉美克"的中介语，就是闪语与其他语言以及闪语分支之间接触融合后产生的混合语。

语言版图显示语言接触的痕迹。大部分语言大系均有相对稳定和连贯的区域，区内同系语言相互接触和交融，边远地区与外系语言接触。印欧语系和芬兰乌戈尔语系却是例外。现代印欧语系各语言几乎散见于世界各地，比如美洲、大洋洲。印欧语系和芬兰乌戈尔语系相互接触和交融形成了一条横穿欧洲的语言带。巴尔干海对岸的芬兰与爱沙尼亚形成与外界隔绝的芬兰乌戈尔语系（芬兰语）。同样，匈牙利与外界接触也不多，更具乌戈尔语特征的匈牙利语也是一个相对孤立的"语言岛"。广袤无垠的欧洲大高原是印欧语系和芬兰乌戈尔语系族群成千上万年一直争夺的要地，芬兰人、爱沙尼亚人以及匈牙利人原本说同一种语言，即芬兰乌戈尔语系的始祖语。这种语言流行于巴尔干与乌拉尔山脉之间相对比较集中的区域，但由于印欧语系族群的介入，把芬兰乌戈尔语系族群驱赶分散成若干个相互隔离的区域，形成了芬兰与匈牙利地理上相隔千里但语言上同属一宗的特征。

语言接触途径无外乎征服、侵略、殖民、移民、贸易、宗教传播、科技交流，以及当代的全球性娱乐等等。

通过"征服"与"侵略"的语言接触是强迫性的，对语言的影响也是巨大的。比如，同属印欧语系的欧洲诸语言由于罗马帝国的征服而一分为二：拉丁语系，包括意大利语、法语、西班牙语、葡萄牙语和罗马尼亚语；日耳曼语系，其中包括英语、荷兰语、弗兰德语、德语、丹麦语、挪威语、瑞典语和冰岛语。两个语系的分水岭在比利时，南部居民说法语，北部居民说弗兰德语。这一地域鲜明的语言分布是公元2世纪罗马统治的直接产物。意大利、法国和西班牙半岛是罗马帝国相对稳定的版图，即便帝国崩溃以后，拉丁语在这些地方的影响仍旧十分强劲和持续，所以那里的语言发展成为拉丁语系的成员。比利时以北的区域，包括荷兰、丹麦、挪威、瑞典、冰岛以及东边的德国和西边的英国并没有被罗马人长期占领和统治，受罗马征服影响要小。所以，它们保持了原有日耳曼游牧部落语言的特征。

征服者的语言通常会对被征服者的语言产生巨大影响，甚至会替代被征服者的语言。英格兰曾经也被罗马人所征服，拉丁语进入凯尔特人统治的英格兰，但后又被基本上没有受到罗马文化影响的日耳曼部落所征服，罗马时期拉丁语对英语几乎没有任何影响，英国的语言朝着日耳曼语言的特征发展，没有进入拉丁语系行列。

与帝国征服和殖民扩张相比，贸易、移民、科技以及现代娱乐方式所引发的语言接触比较温和，但对语言的影响也很大。

自古至今，贸易是我们人类主要的活动之一。我们在社区内部进行买卖交易，但时常也会与说不同语言的人们进行贸易。从原始时代的部落与部落之间的物物交换到当代的外贸与边贸，无不包含不同语言之间的接触、冲突与交融。贸易术语便是语言接触与交融的产物。

移民也是语言接触的重要途径。上面讲到的帝国征服和殖民扩张实际上也是一种移民，只不过是强暴而已。和平的移民使说不同语言的族群不期而遇，他们的语言相互接触和交流，并相互作用和影响。美国是一个典型的移民国家，通用语英语是从英国移植过去的，现有300多种语言中一大半是移民从世界各地带过去的。它们为美国带去了丰富的语言资源，同时也引发了许多矛盾与冲突。语言本身也产生了许多变化，比如美国英语和英国英语同样是英语，但有着显著的不同。中国福建的闽南话与唐朝的官话相似，这与移民有关。公元669年，唐总章归德将军陈政率中原子弟兵入闽平乱，留驻福建。陈政逝世后，儿子陈元光继承父业，拓土开疆，创立漳州。随着中原子弟的到来，唐代的官话也传播到闽南，与当地语言接触融合，变成了与唐代官话极为相似的闽南话。

随着全球化的快速推进，语言接触的频率和速度空前加快，广度和深度也是空前的。世界范围内先进科学技术的传播与现代通讯与娱乐的普及，使许多语言相遇与接触。欧洲工业革命的成功，把欧洲若干语言，尤其是英语，推向世界各地。人们学习科学技术，就得接触承载科学技术的语言。例如："阿司匹林"（Aspirin）一词由德国人1899年所创造，现在成为世界各地家喻户晓的术语；"Okay"或"bye-bye"已经成为世界各地的口头禅。美国好莱坞、以英语为媒介的电子游戏以及互联网在全球的影响力，使许多原来偏僻孤立的语言进入了语言接触和交融的大熔炉。

语言学家比较喜欢用生物来比喻语言：语言就像有生命的物体，有它演化的过程。语言接触促使语言演化，改变语言格局，也改变语言形态，包括语音、词汇和语法。

三、语言接触研究

语言接触是社会语言学研究的一个重要部分,大致可以归纳为三类:一类是历史比较语言学;一类是方言学;另一类是语言政治学。

历史比较语言学源自18世纪末传统的古典语文学,研究对象是语言变化和语言关系,最大的特点是"历时"研究。在历史比较语言学家看来,几乎所有的语言变化问题都是历史问题。他们的研究,包括语系、语源、变化以及方言,都是历史的研究。因此,历史比较语言学也被称为"历时语言学"。

"语系理论"是历史比较语言学最显著的贡献。这同英国殖民时期一位驻印度加尔各答的英国法官有关,他名叫威廉·琼斯,语言天赋很好,小时候就学会多种语言:英语、威尔士语、希腊语、拉丁语、波斯语、阿拉伯语、希伯来语,甚至还懂一点汉字。一生精通的语言有13种,而且还懂其他28种语言。由于语言能力杰出,24岁时就已成为一名闻名全国的"东方学家"。1783年出任印度加尔各答威廉堡最高法院法官时,琼斯不仅熟谙法律,同时还精通东方语言与文化。不久,他提出了关于印欧语言关系的理论。他认为,亚洲的梵语、伊朗语等和欧洲的希腊语、拉丁语、日耳曼诸语、凯尔特语等语言同属一宗,即"印欧语系"。琼斯的发现开启了比较语言学和印欧语系理论的研究。

随着印欧语系理论的确立,语言学家开始从语音、词形以及语法层面寻找语言之间的相似性,并以此作为条件,确定语言之间的关系,将世界上各种语言分门别类地归纳到各种语系以及亚系之中。从语源学角度看,语言之间的关系是在语言传播和接触过程中发生和建立的,所以它是语言传播和接触的结果。研究这一关系,除比较分析语言异同外,还要观察研究变化的动态过程。这是历史比较语言学被纳入语言接触研究的原因。

方言学关注更多的是语言接触的静态现象。方言学历史悠久,早在12世纪,英国伦敦有一批学者就开始关注方言。19世纪下半叶与20世纪上半叶是方言学研究的鼎盛时期,英国出版了数量巨大的方言词汇集,德国出版了著名的《巴伐利亚方言》一书。1876年,德国方言学家温克尔通过邮寄问卷的方式,征集数据,对德国方言进行了研究,引发了世界范围内的方言研究高潮。1905年,英国语言学家莱特出版了六卷本的《英语方言词典》。

传统的方言学主要目的在于区分方言、确定方言区域和绘制方言地图，研究的成果大都是方言地图集。20世纪中叶，方言研究开始关注方言的社会因素，比如，1950年代英国利兹大学承担了一项英国方言调查的项目，把重点放在英格兰和威尔士乡村的方言调查。这一时期方言研究的社会学转向催生了社会语言学。

语言政治学是社会语言学与政治学的交叉学科，近期刚发展起来，研究的对象是"语言政治"，关注语言的地位和权利、语言的促进和维护、语言的规划与管理，以及方言的保护和发展等问题。语言政治学是关于语言宏观关系的研究，更多地关注语言之间的平等和权利以及语言与文化乃至语言社区的关系。

当前语言政治学比较典型的理论有法国语言学家卡尔维的"语言战争论"、英国语言学家菲利普森的"语言帝国主义"、澳大利亚语言学家宾尼库克的"语言殖民主义"和丹麦语言学家斯库特纳博—康格斯的"语言人权论"。这些理论的共同焦点是语言接触的平等和权利。语言战争论指出了人们有史以来语言接触即语言冲突的基本特征；语言帝国主义和语言殖民主义理论揭示了语言接触不平等的本质；而语言人权思想把语言接触过程中个体和群体的语言权利上升至基本人权的高度。三者均在呼吁维护语言接触的平等。

第二节　语言变化

语言接触促使语言变化，主要体现于区域、社会以及语言格局三个层面。区域层面变化产生"区域方言"；社会层面变化产生"社会方言"；格局层面变化产生新的语言关系。

一、语言的区域变化

语言传播与接触经过不同的地区，产生不同的变化，结果形成区域性方言。

先区分一下语言与方言。语言与方言的界定不是纯语言问题，而是行政问题。在语言特征上没有特定的标准用于区别语言与方言。北欧诸语言之间没有多大区别，几乎都能相互通用，但是，它们被确定为不同的语言。中国的粤语和北方方言之间无论是语音还是词汇甚至语法均有很大差异，然而它们都是方言。语言与方言，是由行政管理需要所确定的，语言差别不起决定性作用。

从语言接触与变化角度看，语言或方言都是语言的变体。英语、德语、威尔士语、法语、印地语等均是古印欧语的区域性变体；北京话、吴语、闽南话、客家话都是古汉语的区域性变体。

语言的区域变化有一种叫做"方言带"的现象，变体与变体之间通常是连在一起，它们之间的通识性随着距离的加大而减小。比如，常熟话中的莫城话与辛庄话在发音等方面有明显区别，但由于距离不远，两者之间的通识性很强，交流没有任何困难。但是在同一条方言带的两个相距较远的变体，通识性就会大大减弱。比如，虽然同说吴语，江苏的常熟人与浙江的台州人交流就会有一定的困难。

方言带上各个变体之间的关系充分反映了语言传播与接触运动。两个变体之所以有区别，是因为一个变体带有地域另一端变体的特征。比如，常熟话中的莫城话与辛庄话之所以有区别，是因为辛庄话带有苏州话特征，而莫城话带有更多的常熟话特征。在地理上，辛庄西端接苏州，东端与莫城接壤；莫城东端与常熟主城虞山镇连接。有趣的是，这条方言带向南伸展，有另一番景象：与太仓接壤的直塘，那里的话已经同仅仅大约30多公里以北的虞山镇上的话有明显的区别，因为它受到了邻居太仓的影响。太仓在常熟与上海中间，语言变体既有常熟话的成分，又有上海话的特征，这一特征随着距离靠近上海而越来越明显；相反，常熟话的特征越来越少。

方言带现象十分普遍，不用特别仔细就能观察到。方言带以外还有一个有趣的现象是"方言岛"。方言岛指的是一个区域的语言变体和周边语言变体区别很大，但与其他某个与其没有地域连接关系的区域的变体却很相似。中国的闽南官话是一个典型的例子。闽南官话属于北方方言，与周边的南方方言没有相通之处，就像一个孤岛。我国江苏省长江以北的海门和启东可能是另外两个方言岛，周边都是北方方言，那里的居民操吴方言。

二、语言的社会变化

语言流动说到底是人的流动。人群的区域流动促使语言发生地理变化，形成区域性方言。人群的社会流动促使语言发生社会变化，形成社会方言。

特鲁吉尔说，社会方言是与说话人社会背景相关联的变体。我们是根据自己所处的社会团体、年龄性别和社会地位等而说话的。我们说话有一定的规矩，即"什么场合说什么话"。与区域方言一样，社会方言也是相对固定的语言变体，体现社会地位、宗教信仰、族裔归属、职业性质、性别、年龄以及受教育程度等各种因素。受教育者与没有受到正规教育的人所用的语言是不同的，如：英国的牛津、剑桥毕业生所用的语言不仅在发音上形成特色，而且用词、文法、修辞等方面与普通英语存在明显不同；长者与孩童所用的语言显然有很大差异；男性喜好粗话俗语，女性偏爱细语蜜言。有的语言，同样的表达，有男女之别，比如日语。另外，律师、教师、医生、工人等所说的语言也各具特色。来自不同族裔的人们相处在一起，语言具有明显的族裔特征。拉博夫纽约城市语言调查显示，犹太裔美国人和意大利美国人讲的是具有明显特征的社会方言，意大利美国人把英文单词"bag"或"bad"中的"a"发成"beard"中的"ear"；犹太美国人把"dog"中的"o"发成"book"中的"oo"。他们这样做的目的是为了避免说英语时混杂意大利语或意第绪语的特征，结果反而体现了他们族裔特征。中东一些城市，比如巴格达，居住着基督教徒、犹太教徒和穆斯林，他们都说阿拉伯语，但是他们的阿拉伯语各自不同：基督教徒和犹太教徒在族裔内部用他们的阿拉伯语变体，穆斯林用的阿拉伯语是这三个族裔的通用语，因此，基督教徒和犹太教徒分别有两种语言变体：一种用于族裔内部，一种用于同外族人交流。当今社会仍旧是一个等级社会，虽然没有中世纪那样森严。等级社会里，贵族有贵族的语言，平民有平民的语言，而且两者不可逾越。比如，印度种姓制社会中贵族和平民拥有两套不同的表达方式。

等级森严的社会，高贵者用"高贵"的语言变体，低贱者用"低贱"的语言变体。社会语言学家把前者称作"高变体"，把后者称作"低变体"，把两者共存现象称作"双语制"。印度种姓制度社会是一个双语制语言社区的典范。双语制在其他类型的社会也都存在。几乎所有民族或国家都有标准语。标准语是相对非标准语而形成与确立的，标准语一旦形成与确立，以标准语与非标准语对立统一的双语制格局就会形成。标准语通常是高变体，非标准语为低变体。双语制社会的个人，通常都能根据不同的语境熟练地使用两种变体，实施两种不同的语用功能。

在不同层面，语言变体可以是一门独立的语言，比如，英语是一门独立的语言，同时又是一种语言变体。一门独立语言，也有不同的变体，如方言俗语等。所以双语制中的高低变体可以是两门语言，也可以是一门语言中的两种方言，乃至地方的俗语。非洲的坦桑尼亚原来是英国的殖民地，由两个民族主体联合共和，取得独立，主要语言有英语、斯瓦希里语和各地地方语言。由于大英帝国殖民的缘故，英语成为坦桑尼亚的通用语言，享有很高的地位。相对民族语言斯瓦希里语，英语为高变体，斯瓦希里语为低变体。但是，斯瓦希里语是坦桑尼亚各民族的通用语，相对国内其他地方语言，斯瓦希里语是高变体，地方语言为低变体。坦桑尼亚有两重双语叠加在一起，这叫做"双重叠加的双语制"。坦桑尼亚人也许只用其中之一，也许两者兼用。兼用二者，就是精通三种语言，根据不同情况，在三种语言变体中轮换选用。

　　双语制的存在是由所在社会决定的，语言使用反映社会各因素；社会各因素制约语言的使用。所有这些现象都是语言接触的产物。

三、语言的格局变化

　　换一个角度看"双语制"或"多语制"，它们是语言接触过程中出现的语言格局的改变。语言格局的变化就是语言关系的变化。双语也好，多语也罢，都是语言关系。多一种语言，或少一种语言，语言关系就会变化。

　　双语格局或多语格局发生、发展有一个动态过程。在这一过程中有若干值得关注的现象。第一个是"中介语"。中介语是某种语言变体，可能是一种语言、一种方言，或两种或多种语言混杂形成的新的变体。不同语族之间贸易往来时使用的中介语被称作"贸易语"。非洲西部用豪萨语，东部用斯瓦希里语。不同语族之间接触交流用的中介语被称作"接触交流语"，比如古希腊各城邦之间交流的中介语是希腊阿提客方言为主的变体。当今英语为世界通用语，为许多国家、地区，许多领域所用。19世纪70—80年代，犹太裔波兰人扎门霍夫为了促进世界语言平等与和谐，创造了世界语，扎门霍夫的初衷就是构建一门既不是来自"我"的、"你"的，也不来自"他"的，但属于"你我他"的世界中介语。

　　语言杂交最典型的结果是"皮钦语"，皮钦语这一现象是社会语言学任何一本教科书必谈的要点之一。皮钦语是一种用于不同语言人群接触交流的语言，本身没有固定的母语人口。有些人认为，皮钦语是正常语言的缩减形式，词汇、语法都比较简单，发音变化比较大。

有意思的是，"皮钦语"这一名称源自中国。1630年代，英语随着英国商人来到中国，先是在中国南部的澳门与广州，"皮钦"（pidgin）是我国广州一带与英国人做生意的商人"business"一词的发音。1830年代，英国人来到上海，居住在一条名叫洋泾浜的河流两岸，于是，上海当地人与这些洋人交流用的有点像英文、有点像汉语的语言变体出现了，上海人把它叫做"洋泾浜英语"，即皮钦语。下面有一个比较典型的洋泾浜英语的例子：

This have very poor place and very poor people: no got cloths, no got rice, no got hog, no got nothing; only yam, little fish, and cocoa-nut; no got nothing make trade, very little make eat.【这地方的人很穷，没衣服，没米饭，没猪肉，什么也没有；只有白薯和小鱼，还有些椰子，没有买卖，没有多少东西可以吃的。】（标准英语：The people at this place are very poor. They have no clothes to wear, no rice or pork to eat, but only yam, little fish, and cocoa-nut. There is no trade at all and very little to make for their meal.）

从上述例子可以看出，中国的洋泾浜采用了一部分英语的发音和词汇，用汉语的语法把它们串联起来，形成了特殊的表达。这是皮钦语的基本特征。

获得母语地位的皮钦语叫"克里奥语"。皮钦语发展成为族群或社区的第一语言时，就被称作克里奥语。中国的洋泾浜没有母语人口，只是在临时交流时才用得上，因此，它是皮钦语。在巴布亚新几内亚，有一种皮钦语已经发展成为拥有500—600万使用人口的语言，而且100万以上的人把它当作母语。2000年人口普查，巴布亚新几内亚全国人口为519万多一点，2011年近706万，新几内亚皮钦语的使用人口所占全国总人口的比例是相当高的。而且，皮钦语是巴布亚新几内亚四种国语之一。

语言格局的变化，无论宏观还是微观，说到底是使用语言的人的变化，即他们的语言态度的变化。使用者的语言态度决定了他们的语言选择。皮钦语也好，克里奥语也好，都是使用语言的人所创造的。语言创造过程是语言选择的过程。他们选择某一种语言的某一种成分，把它们混合在一起，便是皮钦语。新生儿出生在一个家庭里，这个家庭选择了新几内亚皮钦语作为家庭用语，这个新生儿习得了这门语言，新几内亚皮钦语便成了这位新生儿的母语。新生儿所在的社区许多家庭做出了同样的语言选择，这个社区无数新生儿都习得了这门语言，于是，新几内亚皮钦语获得了母语人口，从皮钦语行列步入了克里奥语行列。

克里奥语另一个典型例子是海地克里奥语。海地克里奥语是以法语为基础的克里奥语，90%—95%的海地人把它当作母语使用（20世纪90年代数据），与法语一起为海地的法定官方语言。海地克里奥语人口约960—1,200万，居世界克里奥语人口之首。

就目前来看，海地克里奥语以及巴布亚新几内亚克里奥语处于相对稳定的状态。牙买加克里奥语的情况就不同。牙买加克里奥语源自17世纪，以英语为主体，受西非语言影响，为牙买加人所用。随着时间的推移，牙买加克里奥语出现了被社会语言学家称作"去克里奥化"现象。克里奥语是从皮钦语发展而来的，皮钦语是两种或多种语言的杂交，通常是对某一种具有较高社会地位的标准语进行地方语言的简化处理。所以，去克里奥化是这一简化处理的还原。也就是说，克里奥语去掉对标准语所做的简化，重新回归到标准语。牙买加克里奥语已经进入了去克里奥化的进程。目前的牙买加克里奥语已被称为牙买加英语，因为它更接近标准英语。去克里奥化的前提是克里奥语与相关的标准语共存。由于标准语享有较高的地位，而克里奥语则地位较低，所以去克里奥化的结果通常是外来语（如英语）最终获得发展与生存，而民族语言日渐式微并最终消亡。这一幕正在牙买加上演。

皮钦化、克里奥化和去克里奥化都是语言选择的结果。语言选择过程又被称为"语码转换"。宏观的语码转换产生语言宏观格局的变化，上面讨论的皮钦语、克里奥语以及去克里奥化属于此类变化。微观的语码转换产生在交际过程中的语言使用多样化。多语社会里人与人之间交流时不时会从一种变体转到另一种变体。语码即变体，可以是一种语言，可以是方言，可以是行话，可以是风格迥异的话语，也可以是特别的词汇。语码转换的成因与机制是语言交流的社会诸因素，包括地位、职业、年龄、性别、身份、角色等。

第三节 个案分析：加拿大魁北克的语言冲突

加拿大是一个双语国家，官方语言有英语和法语。魁北克是加拿大最大的一个省，人口占全国人口近1/5，其中绝大多数能说法语。二战结束以后，法裔的民族情绪高涨，越来越多的魁北克人主张独立，语言冲突是其核心问题的主要表现。魁北克曾就是否应该独立有过两次全民公决——一次是1980年，另一次是1995年。第一次投票，反对独立者占59.5%；第二次投票，分离派再次以极小差距落败。

1977年，加拿大魁北克省通过《法语宪章》，有一部分人认为，魁北克对法语权利和地位的追求过于激进，另一部分人把宪章看成语言自治权利斗争的重大胜利。下面我们从魁北克的语言现状、问题、立法和《法语宪章》的主要内容和实施等方面，讨论和分析加拿大魁北克省的语言接触与冲突。

一、语言格局

先看一下加拿大的语言大致格局，见表2.4：

表2.4 加拿大及各地法语人口比例（1971—2006）

	1971年	1991年	2001年	2006年
加拿大联邦	26.9%	24.3%	22.9%	22.1%
魁北克省	80.7%	82%	81.4%	79.6%
新不伦瑞克省	33.8%	34.0%	33.2%	32.7%
安大略省	6.3%	5.0%	4.5%	4.2%
阿尔伯塔省	2.9%	2.3%	2.1%	2.0%
不列颠哥伦比亚省	3.3%	1.6%	1.5%	1.4%
新斯科舍省	5.0%	4.2%	3.9%	3.9%
爱德华王子岛	6.6%	4.5%	4.4%	4.2%
西北地区	3.3%	2.5%	2.8%	2.4%
纽芬兰省	0.7%	0.5%	0.5%	0.4%
曼尼托巴省	6.1%	4.7%	4.2%	4.0%
萨斯喀彻温省	3.4%	2.2%	1.9%	1.8%

从表2.4可以看到1971—2006年间加拿大联邦以及全国主要省份母语为法语的居民在当地居民中所占比例。虽然联邦在过去的三十多年

里，母语为法语的居民总体呈下降趋势，但是魁北克省的法语人口比例仍然遥遥领先于全国平均水平，一直保持在80%左右。

二、语言冲突

从历史上看，魁北克的语言接触与冲突大致经历了五个不同的发展时期：法语为主导语言时期（18世纪初期以前）；英语为主导语言时期（18世纪中叶）；英法双语并行时期（加拿大独立后直至第二次世界大战）；英法双语冲突时期（第二次世界大战后）；法语重新为主导语言时期（从20世纪后半叶起至今）。

加拿大联邦由十个省三个地区组成，唯独在魁北克省法语人口占大多数。历史上，魁北克地区曾经是法属殖民地。当时法兰西人是最早到达今加拿大东部圣劳伦斯河流域定居的欧裔移民，他们在那里建立起一块新法兰西殖民地，与西班牙的圣地亚哥殖民地和英国的新英格兰殖民地成三足鼎立之势。后由英国远征军入侵，经过英法七年战争（1756—1763），该领地沦为英属殖民地，英国人取代了法国人掌管行政与商业，控制城市地区。大批法裔居民遂纷纷返回法国，只在乡村地区留下一些农民和地主。

英国取得统治之后，试图采用同化政策把"法语人"同化为"英语人"。在英国的强制性同化面前，法语群体进行了顽强的抵抗。在各种历史与文化因素的作用之下，1774年5月，《魁北克法》出台，为法语争取权利提供了重要的法律基础。该法律承认了法语、天主教、领地制度和法兰西民法在魁北克的地位，很大程度上扩充了魁北克的疆域，为后来法语争取权利提供了重要的地域和人口的支持。此后，魁北克省内形成两种语言、两种文化心态和民族意识并存的态势，并在加拿大全国范围内不断传播开来。在1774年《魁北克法》到1867年《英属北美殖民地法》的几个重大法律中，法语的地位和法国文化的保留都得到了确认。1867年加拿大宣布独立，魁北克省的政治活动又成为法裔所关心的另一领域，而英裔只把这种兴趣放在联邦政府，这段时期至第二次世界大战被认为是英法双语并行发展时期。

20世纪的前几十年，加拿大工业化进程加快，英语决策者利用英语作为同化的工具，推行盎格鲁化政策，强行将英语作为魁北克省唯一的官方语言，到20世纪中叶，几乎所有英裔占多数的省份都制定了各自的语言政策，规定英语是该省的官方语言。在许多省份，英语甚至是唯一的教育用语,而法语只在法裔社区的小学低年级使用。

　　法语之所以能扭转颓势、最终成为与英语享有同等地位的官方语言,首先是由于二战的发生及战后形势的巨大变化。第二次世界大战后,种族主义的衰落、美国民权运动的发展、西方文化多元主义理论的兴起,都为争取法语权利铺平了道路。工业化的迅速推进以及技术革新浪潮的冲击,使得英、法裔两大民族集团在经济上的差距日趋扩大。20世纪60年代以来,信息革命又使法裔文化的生存受到威胁。就整体经济实力而言,英裔加拿大人的资本占加拿大全部工业资本的42.8%,而法裔加拿大人的资本只占15.4%;在人均收入上,1961年英裔加拿大人为4,852加元,而法裔加拿大人为3,872加元。这种经济实力的不平等造成占该省人口中大部分的法裔出于工作和生活的需要被迫放弃母语而使用非母语交际。这样的语言矛盾实际上与当时社会的民族矛盾纠结在一起,成为魁北克多次要求从统一联邦中分离出去的主要原因之一。

　　随着经济的发展和社会财富的增长,法裔中产阶级逐渐成长壮大,要求积极参与省内政事,提高他们的社会地位。鉴于大多数私营企业依然控制在英语人士手中,他们支持法语作为工作语言以避免自己的语言被同化。之后,英裔资本及企业出现了向加拿大西部的各省英语区转移的趋势,留在魁北克省的英裔企业家逐渐减少,法语人士逐步取代英语人士,成为省区经济的主宰。在这样的形势下,法裔中产阶级和知识界联合起来控制省内政党,在20世纪60年代中期起通过法律来确保法语人士参与社会、经济活动的权利。自此以后,随着几次语言风波的发生,英语的主导地位发生了根本性的转变。

三、语言立法

　　1960年,让·勒萨日领导的魁北克自由党在选举中获胜,成功地发动了一场"平静的革命",试图扩大魁北克省的权利,维护法裔文化、语言、宗教等民族特性。革命的对象主要是银行、商业、工业和保险业中掌握大权的英裔加拿大人,目标是实现魁北克政治、经济和社会的现代化,使法裔魁北克人真正"成为自己家园的主人"。1968年10月,魁北克党宣告成立,党纲规定其奋斗目标为:通过民主渐进的方式争取魁北克的独立,同时与加拿大联邦保持紧密的经济联系。就语言问题,党纲提出三项主张:第一,法语应成为本省唯一的官方语言；第二，通过立法，使法语成为所有企业的工作语言；第三，政府应对广播、电视、出版等部门进行干预，以保护法语文化。1969年10月，魁北克省议会通过了《法语推行法》（63号法），重申了《教育部法》（85号法，1968年）的有关规定，一方面保护少数语言族群选择教学用语的权利，另一方面保证魁北克操英语的儿童或移民学习法语，以便将来能够适应工作的需要。该法还规定父母享有选择法语或英语作为自己子女的教育语言的权利。

进入20世纪70年代，魁北克法语立法的工作重点开始由教育语言向工作语言转移。1971年1月18日，魁北克政府规定英语学校将法语作为第二语言的必修课程。1974年7月30日，魁北克省议会通过了《魁北克官方语言法》（22号法）。该法律宣布只有法语才是魁北克的官方语言，提出了实现魁北克的工作语言法语化以及在其他族裔中间推广和传播法语的措施，以维护法语的地位。然而魁北克法语居民还要求更多特殊的地位和权利。在这种局面下，加拿大多元文化主义政策出台，联邦加强了法语的推广，但此举仍然无法满足一些激进的魁北克民族主义者对法语现有地位和权利的要求。1976年，主张"魁独"的魁北克党在选举中获胜。次年，省议会通过了著名的《法语宪章》，宣布法语是魁北克的唯一官方语言，法语再度成为该地区的主导语言。

自1974年魁北克省议会通过《魁北克官方语言法》，首次以法律形式正式确定法语为魁北克省的唯一官方语言，1977年2月，又通过了《法语宪章》，规定法语作为魁北克省单一的官方语言应全面应用于立法、司法，以及行政部门、公共服务部门、劳动部门、教育部门和商业活动等领域，从而启动了强制法语化的进程。

《法语宪章》规定：法语是魁北克的官方语言，人人享有使用法语的权利，每个受教育者均享有接受法语教育的权利；法语是立法、司法和法院裁决的语言，是政府各部门和社会团体的工作用语和交际用语；法语是劳资关系用语，一切劳资书信均应使用法语；法语是商业用语，商品的标签、说明书、合格证，餐厅的菜单和酒水供应单都应使用法语；法语是教学用语，幼儿园、小学和中学的教学一律使用法语；法语是工作用语，凡雇员在50人以上的公司，五年之内应实现法语化，应获得"法语化证书"；法语是地名用语，除少数例外，凡用英语命名的城镇、河流和山脉，一律改用法语重新命名等。

在教育法语化方面，《法语宪章》规定，除了极少数情况外，基本上所有的孩子在小学和中学阶段都必须上法语学校；只有在中学以后的教育中，学生才可以自由选择上法语学校或英语学校。《法语宪章》还规定，魁北克省要比其他各省平均多吸收5%的移民，但条件是新移民必须让子女上法语学校。20世纪70年代中期以来，魁北克省极力吸收会讲法语的新移民，并在每年度的移民指标中不断增加这些人的比例，此项决定吸引了大批会讲法语的移民来到魁北克省。1998年，魁北克会讲法语的外来移民人数几乎与加拿大其他各地会讲法语的外来移民的总和相当。而且，那些只会讲法语的外来移民中80%都在该省定居下来。大量的法裔移民已成为魁北克省的境外出生居民的主要来源。

《法语宪章》的实施从根本上解决了法语作为魁北克官方语言和工作语言的地位问题，使法语成为行政、法律、教学、通讯、商业、企业等部门的通用语言。其直接结果是造成英裔魁北克人的法语能力普遍增强，而法裔魁北克人的英语能力则大为降低。据加拿大统计署的数据显示，1986年英裔魁北克人5—10岁的儿童中，能够使用英、法双语的占42%，而法语社区5—9岁的儿童中，能够使用法、英双语的只占4%；在英裔45—49岁年龄组中，双语者占56%，75—79岁年龄组中，双语者占32%，而法语社区成年人各个年龄组中，双语者的平均数为30%。另外，大批英裔魁北克人因为要在工作中使用法语而深感不便，所以不断迁离魁北克省。这批迁离的人员大多数是高级知识分子和技术人员，他们的离去对该省的经济、社会发展有一定的负面影响，但反过来也为法裔魁北克劳动力提供了充裕的就业机会。

语言是一个民族的身份，是一个民族最重要的特征。作为加拿大唯一的法语省份，魁北克省在保护法语语言和弘扬法语文化方面责无旁贷。从很大程度上讲，魁北克问题就是魁北克法语争取权利和维护权利的问题；法语问题就是魁北克法裔弘扬本族裔语言权利的问题。三十多年以来，魁北克省的历届政府，无论对本省"主权独立"问题持何立场，都在保护法语在魁北克省的地位问题上拟定且实施了诸多积极的措施，使得法语居民的比例稳定在80%以上，母语为非法语的居民法语普及率也相当高。

从上述加拿大魁北克英语与法语的矛盾与冲突案例可以看出，语言接触充满矛盾与冲突，语言矛盾与冲突实际上又是不同民族与文化之间的矛盾与冲突。语言的问题，并不仅仅是交流途径与工具的问题，而是涉及整个社会各个方面的政治问题。

思考题

1. 语言接触的重要意义是什么？
2. 语言接触有哪些方式？
3. 语言宏观变化有哪些现象？
4. 语言变体的定义是什么？有哪些类别？
5. 加拿大魁北克语言冲突案例说明了什么？

推荐阅读

Holm, J. 2000. *An Introduction to Pidgins and Creoles*. Cambridge: Cambridge University Press.

Labov, W. 2001. *Principles of Linguistic Change: Social Factors (Vol. II)*. New York: Blackwell.

Matras, Y. 2009. *Language Contact*. Cambridge: Cambridge University Press.

Stavans, A. and C. Hoffmann. 2015. *Multilingualism*. Cambridge: Cambridge University Press.

Winford, D. 2002. *An Introduction to Contact Linguistics*. New York: Blackwell.

第三讲 语言衰亡与维护

20世纪下半叶以来，随着全球化进程的加快，语言衰亡进一步加剧，维护难度进一步加大，这一问题引起了广泛关注，尤其到了世纪之交，学者云集，著述浩瀚，研究已经十分广泛而又深入，并成为一个具有相当规模的学科。

第一节 语言衰亡

关于世界语言衰亡的警示不少。比如前联合国秘书长曾经警告世界：现在世界上每两个星期就有一门语言消失。在这之前，克劳斯指出，人类现存语言中的90%将会在21世纪灭亡。美国夏威夷大学和东密歇根大学合作项目"世界濒危语言调查登记"给出的数据相对比较准确：目前世界上有3,054种语言属于濒危语言，占世界语言总数的43%。在我们所了解的所有语言中间，634门语言已经灭亡，其中141门是在最近的40年内消失的，这说明20世纪下半叶以来，语言衰亡速率加快了许多。世界上大概有420个语系，到目前为止消失的634种语言占据100个语系，所以精确地说，现在世界上的420个语系已经剩下320个，语言多样性降低了24%，而且这一多样性的失去是永久性的。

当一门语言的最后一位把它作为母语的人逝世时，这门语言随之灭亡。比如，2014年2月4日，随着哈泽尔·山姆森的逝世，美国华盛顿州东北奥林匹克半岛上萨利什语系中的克拉拉姆语随之灭亡。语言灭亡是一个过程，语言人口减少，最后导致归零。语言人口从多到少、从有到无可能是一个缓慢的过程，也可能是迅速的过程。

一、类别与程度

语言衰亡是一个语言人口减少直至消失的过程，有的情况下，语言人口的减少和消失是和实际人口的减少与消失成正比，但很多情况下是不成正比的。一些社区的人口减少或消亡，他们说的语言就会衰亡；一些社区放弃原来的语言，改说另一种语言，原来的语言也会灭亡。

坎贝尔和蒙特泽尔把语言衰亡分成三类：突然灭亡、快速灭亡和缓慢灭亡。这是时间问题。角田把原因也考虑了进去，将语言衰亡分成突然消亡、缓慢消亡、突然转换和缓慢转换四类。

语言突然灭亡的原因最简单：人口突然消失。比如战争、瘟疫、地震、火山喷发等导致一个民族的整体死亡。因此，语言随着他们的死亡而消失。例如：1932年萨尔瓦多成千上万原住民被屠杀，卡考佩拉语和伦卡语迅速消失；1815年印度尼西亚松巴哇岛火山喷发，导致说坦博拉语的坦博拉人整体灭亡。

有人认为，一门语言在一代人时间内灭亡，可以算作突然灭亡，在一个世纪内灭亡也可算作突然灭亡。比如，澳洲原住民语言塔斯马尼亚语，从1803年欧洲白人第一次与之接触，到1876年最后一名纯血统塔斯马尼亚人的死亡，语言最终消失，经历了73年。

萨尔瓦多的惨案，除直接导致卡考佩拉语和伦卡语快速灭亡之外，也殃及皮皮尔语。在屠杀中幸存下来的说皮皮尔语的美洲原住民从此不敢再说他们的母语，生怕暴露自己的原住民身份。因此，皮皮尔语的语言人口急剧下降。这就是语言"突然转换"的典型例子。

语言衰亡大多数是在缓慢的进程中进行的，因此经历的时间很长。语言社区的全体成员从一门语言逐步转换到另一种语言所需的时间一般需要几代人。而且中间还要有相应的过渡期。第一个过渡期叫做"双语过渡期"，即母语与转换语两种语言共存，共同被用作交流。第二个过渡期是"语言能力退化期"，即语言使用朝转换语倾斜，使用者的语言能力产生双向变化，母语能力逐渐减弱而转换语能力越来越强。其中不同年龄体现不同的能力变化，年龄越小，母语能力越弱，转换语能力越强；年龄越大，母语能力越强，转换语能力越弱，最后完全过渡至转换语。完成这个过渡显然需要很长的时间。在有的情况下还可能出现中介语阶段，比如皮钦语，再由中介语发展成克里奥语，再由克里奥语经过去克里奥化过渡到转换语，这就需要更长的时间。

除开上述分类之外，还有些学者，如克里斯托，把语言灭亡分成五类：缓慢灭亡、从下而上的语言灭亡、从上而下的语言灭亡、快速灭亡和语言灭绝。这五个分类，两类是新增的，一是"从下而上的语言衰亡",指从社会基层开始,如家庭等发生变化而导致的语言灭亡,如家庭里开始少说母语或者不说母语而开始多说或者全部说另外一种语言;二是"从上而下的语言衰亡",指从社会上层开始,如政府发生变化而导致的语言灭亡,比如政府指令学校只准用另一种语言作为教学语言等。抗日战争期间,日本侵略中国,在占领区内推广日语教育,以日语替代汉语进行教学,以及欧洲普法战争期间普鲁士占领法国阿尔萨斯地区后严禁学校用法语教学,改用德语等,都是企图促使语言从上而下衰亡的典型例子。当然,汉语以及法语都是文化势能很强的语言,这种企图无法得逞。

语言衰亡除具有类别区分之外,还有程度之别。克劳斯在20世纪90年代初调查北美原住民语言衰亡情况时,按程度把濒危语言分成A、B、C、D四类:A.包括儿童在内的各代人都说的语言;B.只有父母辈所说的语言;C.只有祖父母辈所说的语言;D.只有老人所说的语言——一般70岁以上老人,且每门语言使用者不超过10个人。克劳斯指出,D类语言的存活时间约20年左右,C类语言的寿命约50年左右,B类语言的寿命也不过70年左右。

联合国教科文组织把世界语言分成六大类:(1)安全语言,指那些所有年龄段的人都用的并代际传承没有障碍的语言;(2)脆弱语言,指那些大部分儿童还用,但使用范围受限制,比如只是在家庭才使用的语言;(3)濒危语言,指那些儿童已不在家庭学习的语言;(4)严重濒危语言,指那些祖父辈使用,父辈能懂但不用,也不同他们儿女说的语言;(5)极度濒危语言,指那些只有祖父辈能说一些,而且不常说的语言;(6)已经灭亡的语言,指那些已经没有任何人能说能懂的语言。

二、历史与现状

语言灭亡历史悠久。有一项最保守的估计,我们人类历史上至少有31,000种语言,在公元前8000年时,语言数量至少还有20,000种。现存语言7,000余种,这就意味着80%左右的人类语言已经灭亡。这些语言是怎样灭亡的,是什么时候灭亡的,无人知道,也无人能够知道。如果我们根据语言衰亡的类别和原因来推导的话,突然灭亡可能是人类语言早期灭亡的主要形式。部落战争和自然灾害通常会使整个语言种族灭绝。当不同语言之间相对比较平和的交流出现后,语言的缓慢灭亡才可能出现。比如，贸易使语言接触产生中介语、皮钦语和克里奥语，构成语言衰亡的原因；再如，城市化使语言同化成为可能。

有一份资料列出了有历史记录的灭亡语言清单，自公元前2000年美索不达米亚的苏梅利亚语的灭亡起一直到2014年2月4日美国华盛顿州萨利什语系中的克拉拉姆语的消失为止，共列出灭亡语言393种，其中欧洲语言82种，亚洲语言85种，非洲语言37种，美洲语言120种，澳洲语言69种。

公元前2000年里，有记录的灭亡语言为42种，其中欧洲语言17种，亚洲语言18种，非洲语言7种，美洲和澳洲没有灭亡语言的记录。公元1—5世纪共有灭亡语言21种，其中欧洲语言10种，亚洲语言9种，非洲语言2种，美洲和澳洲仍然没有灭亡语言记录。公元6—10世纪共有18种语言灭亡，其中欧洲语言9种，亚洲语言7种，非洲语言2种，美洲和澳洲仍旧没有记录。11—15世纪的灭亡语言记录是18种，欧洲语言占11种，亚洲语言占5种，非洲和美洲语言各占1种，澳洲没有记录。16世纪至20世纪的500年间，语言大量灭亡，共有248种，其中欧洲语言31种，亚洲语言35种，非洲语言22种，美洲语言104种，澳洲语言56种。21世纪以来不到15年的时间里就有45种语言消失，超过公元前2000年的总数，几乎达到公元1—15世纪1500年的总和。这些灭亡语言里面，欧洲语言有3种，亚洲语言有11种，非洲语言有3种，美洲语言仍旧最多，达15种，澳洲语言也不少，有13种。

虽然这些纪录不一定完整，尤其是早期的记录，但是这一清单能够反映语言衰亡的基本趋势：越是近期，灭亡语言的数量越多，而且比较集中在美洲和澳洲。

联合国教科文组织发表的《世界语言地图》给出了一份清单，分欧洲、亚洲、非洲、美洲、澳洲以及太平洋诸岛区6个区域，共统计到2,657种濒危语言，其中欧洲地区有406种，亚洲地区有765种，非洲地区有296种，美洲地区有893种，澳洲地区有297种。其中，脆弱语言共有624种，濒危语言共有891种，严重濒危语言有561种，极度濒危语言有581种。这两组数据显示，语言濒危的重灾区在美洲和亚洲，四个等级不同的数据为濒危语言的挽救和复兴提出了不同的要求。

三、原因与后果

什么原因致使如此多的语言衰亡？又是什么原因促使语言在近期

如此快速地灭亡？语言灭亡对人类社会有什么危害？这些问题是研究语言衰亡和语言维护的核心问题。

关于语言衰亡的原因，历史上曾有过不少解释。人们曾一度受社会达尔文主义思想影响，从生物学角度观察和理解语言灭亡现象。他们把语言比作生物——强弱有序，生死有则，认为语言灭亡是自然竞争强者生存、弱者淘汰的必然结果。这是语言进化论思想。

有些语言学家认为，语言衰亡的原因不在语言本身。美国语言学家斯瓦迪什认为，"语言老化的决定因素不在语言本身，而在社会"。法国语言学家卡尔维认为，语言灭亡的真正原因是"语言战争"。语言接触和冲突事实上是语言之间你死我活的战争：一些语言作为胜利者生存了下来，一些语言作为失败者而灭亡了。丹麦语言学家斯库特纳博—康格斯和英国语言学家菲利普森等人认为，语言衰微是不平等的语言接触所造成的。世界上超过6,000种的语言无权作为相关民族教育、法律与公共事务的用语。大部分原住民语言如此，几乎所有移民的语言更如此。

除社会不利语言生存的相关意识形态和行为举措之外，还有一个不可忽视而且更为复杂的原因，那就是生产方式的变化和经济的发展以及由此而导致的生活方式的变化，如城市化、全球化、信息化等。生产方式的不断变化使我们不同群体之间的交流日益频繁、广泛和密切。不同群体之间交流过程中，语言的工具属性不断得到强化，而相应的文化属性不断被弱化，同时，这一过程往往又是一个语言趋同的过程。以西方现代资本主义为核心发展起来的当代世界经济的最高原则是"效益"。效益法则把语言的工具属性推至极致，语言趋同得到进一步强化。一如军事力量的强弱决定语言的命运，经济实力的强弱以及经济话语权的大小同样决定语言趋同的方向：是英语还是汉语或纳瓦霍语作为共同语？当下全球英语教育盛况依旧，热情不减，个中缘由就在此：英语已成为当代经济实力和话语权的象征。在经济推动下的语言趋同过程中，少数语言成为共同语，大部分语言被边缘化并走上衰亡的道路。而这一方面的因素是加速语言衰亡的主要推手。

语言的灭亡对个人而言是母语能力的丧失，对一个民族及其文化而言是文化和民族的灭亡。

当代语言学研究成果告诉我们：语言与文化休戚相关，水乳交融，不可分离，前者不仅是后者的特征和工具，更重要的是一种生存、发展的机制。语言是一个社会、一种文化、一个民族的认同，社会、文化、民族的认同不纯粹是静态的象征,而是社会成型、文化构建、思维发展、民族生存繁衍的动力。从文化层面看,由于特定语言的结构,包括语法、语义、语用等具体构成特定文化的认知途径,语言的丧失意味着这一途径的丧失。一种语言的失却,不仅是一种文化和民族特有的认知途径和思维结构的失落,而且还是包括民族文化的认同在内的相对性的消失。

语言衰亡不仅仅影响个人或民族,还会威胁到整个人类文明的生存与发展。一门语言的消失是人类文明最珍贵的文化遗产无法挽回的损失。人类文明发展至今有过无数创造发明,但最伟大的创造莫过于语言的创造:语言将人类同其他动物区分开来,语言造就了人类、造就了人类文明、造就了人类文明的今天。无论哪一门语言都是该语言的全体民众共同努力、经过一个漫长而又复杂的过程而创造出来的。世界上无论哪一种文化遗产都不能与此相比。语言灭亡是不可逆转的,灭亡的语言是无法再生或复制的。语言的灭亡将会打破语言生态的平衡,殃及其他语言的繁衍发展,构成更大规模的语言衰亡,终止人类语言的发展,最终导致文化生态的失衡,阻碍甚至终止人类社会的进一步发展。

第二节　语言挽救

关于濒危语言挽救与复兴的理论与实践有不少,其中比较著名的有费什曼、克里斯托等提出的方案以及其他各种方法。

一、费什曼方案

费什曼在他1991年出版的《逆转语言转换:理论与方法》一书中提出了一套挽救濒危语言的方法,这套方法包括了八个方面。

第一个方面主要针对那些极度濒危或严重濒危的语言。会说这些语言的人都是上了年纪的祖父辈,父辈可以通过一对一教学的形式向晚辈传承濒危语言,将其延续下来。

第二个方面是创建一个濒危语言的积极使用者群体,覆盖社会各个层面,比如不同年龄、性别、职业等。积极使用濒危语言主要指的是口语使用,也就是积极使用濒危语言进行口头交流。

第三个方面是通过建立专门机构,促进濒危语言在其所在社区的广泛使用。这一方法主要针对濒危语言和严重濒危语言的挽救,这些语言仍旧拥有一定数量的语言人口。专门机构的任务就是要呼吁和督促这些仍旧能使用母语的人形成习惯,在各种场合使用母语,包括家庭、工作、社交等场合等。充分发挥其自然的交际和社会功能。

第四个方面是强化濒危语言的文字功能。在健全口语交际功能(也就是说,语言社区内不管男女老少都能熟练使用母语进行口头交流)之后,鼓励通过自身努力获得或提高用母语读写的能力,也就是通常意义上的"扫除文盲"。费什曼强调,这样的工作必须自发,不需要通过正规教育途径的才是有意义的。

第五个方面是濒危语言的学校教育。如果情况允许和条件具备,比如学校在读学生人数足够的情况下,鼓励政府义务教育使用濒危语言。义务教育系统使用濒危语言不仅要教授濒危语言,更为重要的是用濒危语言进行教学,甚至将濒危语言作为学校的工作语言。

第六个方面是工作场所的语言使用。如同第五种方式,如果情况与条件允许,鼓励工作场所使用濒危语言,而且必须让它成为工作场所的工作语言。

第七个方面是地方政府部门与媒体语言的使用。这是更高一个层面的复兴。地方政府可以根据实际情况,使用濒危语言处理政务,也就是说,将濒危语言作为政府工作语言。媒体是语言使用的重要领域和空间,电视广播、报刊杂志,以及网络等新媒体对语言使用的影响力很大。所以,若能在媒体领域使用濒危语言,必将大大增强濒危语言的活力。

最后一个方面是高等教育系统以及高一级政府的语言使用。鼓励高等教育系统使用濒危语言,不仅教授濒危语言,而且用它来进行教学,甚至有条件的情况下,把它作为工作语言之一。地方政府成功使用濒危语言之后,可以逐步向高一级政府推广,也让濒危语言成为高一级政府的办公用语和工作语言之一。

费什曼挽救濒危语言的一套方案的八个方面是逐一递进的系统,当一个层面的挽救工作成功并得到巩固之后,开始第二个层面。这是一个从家庭开始,再由家庭到社区,由社区到社会,直至政府等整个体系。如果这些层面的工作都能顺利完成的话,一门濒危语言,即便是极度濒危的语言,就有希望重获新生。当然,衰亡程度不同的语言挽救还可以选择相应的方式进行,比如一般濒危语言的挽救可以直接进入第五或第六个层面，甚至第七、第八个层面，视实际情况和条件许可而定。

二、克里斯托方案

与费什曼方案相比，克里斯托提出的建议要简单些，但对费什曼方案是一种补充。克里斯托在他2000年出版的《语言灭亡》一书中提出了六个挽救语言的建议。

第一个建议是提高语言的信誉。这一点十分重要。大部分语言衰亡是在语言转换过程中出现的。要实现语言转换，语言信誉是一个关键。语言社区成员从母语转向外来语，其主要原因是他们失去了对母语的信赖与忠诚。母语的信誉失却有多方面的原因，其中有客观的，也有主观的。客观上，由于具有文化强势的外语的介入，迫使母语不断边缘化，失去使用价值等；主观上，对本土文化的自贬以及对外来文化的盲目崇拜致使母语信誉在部分成员，尤其是年轻人中间逐步流失。因此要使濒危语言重新获得活力，语言信誉是极为重要的一个因素，必须重新建立。哈尔曼的"信誉规划"就是这个意思，规划语言还必须树立对相关语言的忠诚和信仰。

克里斯托的第二个建议是增加语言的"财富"。这里"财富"的意思是语言本身所拥有的能力。广义上说，语言没有好坏之分，能力也没有高低之别。语言发展的终极动力是"需要"。只要有需要，语言就会增加自己的"财富"，例如词汇不断丰富，表达不断完善，语法不断复杂。只要是自然语言，任何语言都能做到这一点。在语言转换过程中，母语没有足够的词汇和表达方式来替代用来表达新生事物的外来语词汇，往往成为社区成员失去母语信誉从而转向外来语的重要因素。然而，人们可以彻底改变这种态度，因为没有词汇，可以创造；没有表达，可以创新；没有文字，也可以发明。只要母语忠诚不变，什么都是可能的。克里斯托这一建议实际上是指强壮自身的"语言本体规划"。

克里斯托的第三点建议是增强语言的法定权威。这一点与"语言的地位规划"很相似。这不仅是在一般民众眼里的权威，而且是在语言社区主流社会眼里的权威。实际上这也是一种语言信誉，这种语言权威需要由政府政策和法律来树立和维护，而不是依靠普通民众的语言忠诚来保障的。

克里斯托的第四点建议是，濒危语言必须在教育系统占有重要位置。这一点同费什曼关于学校教育使用濒危语言的方式相同。"语言习得规划"同教育系统关系密切，通过学校教育，维护和推广语言。学校教育系统用濒危语言，不仅是要将此作为教学的对象，开设语言课程，更重要的是要将此作为教学用语。因为这样做，濒危语言的使用频率和范围就可以扩大，语言的生命力就会不断增强。所以，仅仅作为一门语言进行教学是不够的。

克里斯托的第五个建议是关于语言的文字创造。许多濒危语言是没有文字的，它们靠口传实现代际传承。要挽救这些语言，须给它们配有文字，以便书写记录。而且，当语言有了文字，无论是交际的范围还是使用的空间都要大得多。克里斯托这点建议实际上同他的第二点建议有相似之处，也就是在为语言增加"财富"，从语言规划角度看，这是语言本体规划的内容。

他最后一个建议是关于电子技术的利用问题。一方面语言社区要充分利用先进的电子技术，维护和挽救濒危语言，利用电子设备，增加语言的使用频率；另一方面，要使濒危语言能够适应新的技术，比如电子网络的进入要求濒危语言进行相应的编码或需要相应的软件。当以英语为媒介的文字处理以及网络信息系统给其他语言提出挑战时，其他语言迅速赶上，没有隔多长时间，其他语言同英语一样可以用作文字处理和网络信息处理的媒介。要有效挽救和复兴濒危语言，这一方面的工作也很重要。

总体而言，克里斯托的建议比较宏观，他从国家政策、民众意识以及教育等宏观方面考虑挽救濒危语言的有效措施，给相对比较具体和微观的费什曼模式提供了有益的补充。

三、其他方式

濒危语言的挽救和维护是一项综合工程，而且由于濒危程度、生态环境、历史条件等方面的不同，它又是一项极为复杂的工程。因此，专家、学者所建议的模式与方法具有参考价值的同时，也具有一定的局限性。相反，在濒危语言挽救与维护的实际操作过程中找到的方式方法更具价值。

比如角田基于濒危语言挽救实际总结归纳的综合模式。角田认为，有效挽救一门濒危语言，所采用的方式必须是综合的、有选择的、有针对性的。他列出了下列几个因素：（1）沉浸式；（2）社区邻居；（3）双语教育；（4）师徒式；（5）语境反应法；（6）电话；（7）无线电广播；（8）多媒体；（9）双向式；（10）公式化；（11）人造皮钦语；（12）地名；（13）重申；（14）继承。

沉浸式指的是一种纯粹的语言学习或教学方式。这一方式的理念是在没有其他语言干扰之下才能学好目的语。角田认为，这一方式只适用于一般濒危语的维护和挽救，不适合严重或极度濒危语言的挽救。

语言挽救与维护，社区邻居是一个极为重要的因素，只有大家一起使用濒危语言，才能使它重新获得生命和活力。

双语教育是一种过渡。双语教育的过渡是双向的：一是朝濒危语言方向过渡，另一个是朝外来语方向过渡。濒危语言挽救的努力要使过渡朝濒危语言方向而不是朝外来语方向。

师徒模式是一对一的传承模式，这一模式对挽救那些严重以及极度濒危的语言特别有用，可以有效地完成代际之间的传承问题，以免在祖父辈离世之后中断语言的传承链。

语境反应法也是一种教学法，教师通过学生对语境的反应来学会濒危语言。

通电话也是一个语言传授的途径，但需要有人会讲濒危语言，而无线电广播适用于挽救各种程度的濒危语言，甚至已经灭亡的语言，只要有录音就可以。多媒体提供了声像动画，效果更佳。

为了挽救濒危语言，还可以创造一种中介语——"人造皮钦语"，作为一种过渡，从外来语过渡到濒危语言，甚至已灭亡的语言。

地名换上濒危语，营造一种语言文化环境，使人们身临其境。

"重申"指的是将已经灭亡的语言重新进行教学和使用，当然先决条件之一是要有良好的记录。比如，澳大利亚昆士兰北部有一种叫做瓦伦古的原住民语言在1970年代被语言学家详细记录了下来，当2000年政府计划复兴瓦伦古语言与文化时，当年记录下的祖父辈的语言成了下一代学习这一已经灭亡语言的教材。

"继承"不是指原有的语言，而是与已经灭亡的语言相近的另一种濒危语言。这也是挽救濒危语言的方式之一。

第三节　个案分析：北美原住民语言的衰亡与挽救

北美原住民语言的衰亡与挽救，是当今世界比较典型的个案，在这里，我们通过分析和讨论这一个案，加深对语言衰亡和维护的理解。

一、北美原住民语言

北美原住民语言是美洲原住民语言的一部分，分布在墨西哥以北包括美国、加拿大、格陵兰等国家和地区，主要集中在美国。美洲原住民语言包括成百上千种不同的语言，少则400种，多则2,500多种。比较普遍的说法是，在欧洲白人殖民者入侵美洲之前，整个美洲大约有2,000多种语言，其中：墨西哥以北300多种；中美洲350种；南美洲1,450多种。

从语言类别看，北美原住民语言是一个极其丰富的语群，米休恩列出了57类，其中一些是单独的语言，有28种；另一些是语系，有29个。语系下分语言，语言下面又分方言。语言这一层有280多种，方言有580多种，其中有些已经灭亡。我们从米休恩的分类中可以看出，北美原住民语言共有588种，不仅数量可观，而且层次分明。例如，约库特语系是一个只有三种语言的语系，而方言却有33种。除此之外，米休恩还用*号表明那些已经灭亡的语系、语言和方言，并用文字说明灭亡的大致年代。毫无疑问，就目前为止，米休恩的分类为我们从数量和种类上观察北美原住民语言的概貌提供了较为全面的材料。

从语言来源看，北美原住民语言是历史悠久的语言。到目前为止，考古学没有发现美洲大陆有原始人类发展的证据，所以基本断定，美洲原住民是从其他大陆移居过去的。关于北美原住民的来源有几种说法，但为比较多的学者所认可的观点是，在若干万年前，当白令海峡出现大陆桥时，亚洲东北部的游猎民族追随猎物穿越海峡来到北美，并逐步向东南扩散。他们就是美洲大陆的先民。然而，美洲那么多的原住民语言是怎么形成的，学者们有不少猜测。第一种猜测是"单一语言移民"，即一群说一种语言的亚洲游猎民族迁徙至美洲大陆，后来数以千计的原住民语言是从这一门语言分化发展而来的；第二种观点是"数语移民论"。布厄斯持这一观点，有许多说不同语言的人群分多次进入美洲，符合原住民语言复杂多样的现状。

从语言特征看，北美原住民语言同样具有其他大陆诸语言的所有特征。先看语言内部特征。原住民语言具有丰富的多样性。举辅音为例，有些语言的辅音数量很少，有的却很多。例如，分布在美国纽约州和加拿大魁北克以及安大略地区的易洛魁语系中的莫霍克语只有9个辅音。阿尔吉克语系平原阿尔贡金语群中的平原克里语的辅音也只有10个，其中2个是半元音，而阿萨巴斯卡—埃亚克—特林吉特语系中的特林吉特语的辅音多达45个。

美洲原住民语言的句法结构也很复杂。有些语言的句法结构打破了传统的主题在先、表述在后的常规。有些语言的从句用一个动词表达，而这个动词可以包含整个从句。这些语言的动词可以带上表示主题（通常是人称代词）的前缀或后缀。

从北美原住民语言的外部特征看，它们具有健全的社会文化功能。美国原住民社会的组织形式有三类。

第一类是"游牧觅食型社会"，主要以家庭为单位，以游猎或寻觅粮秣为生。这类形态的社会流动性很大，没有固定的疆域，反映在语言上的特征是：一方面，缺乏明确的语言界限，语言的交融会合极易发生；另一方面，由于社会单位很小，通常是人人都非常熟悉的家庭成员，语言进一步分化的可能性很小，稳定性较强，与其他语言接触过程中，被它们所瓦解的可能性相对小些。在北美原住居民中，此类语言社区有大盆地原住民社会群体、爱斯基摩和北部阿萨巴斯卡原住民社会群体，以及分布在亚北极区的大部分阿尔贡金部落。

第二类是"固定村落型社会"，其经济基础通常是农业，生活相对稳定，人群迁移流动性较小。村落社会没有阶级，如北美西北海岸区域的原住居民几乎人人都是渔民，克里克联邦的原住居民人人都是农民。由于此类社会的群体意识相对较强，特点是语言相对稳定，因此为内部分化和发展提供了可能。由于社会界限比较分明，方言的界限也比较明确，如分布在普韦布洛地区的克雷斯语有六种界限分明的方言。

第三种社会结构形式是"等级国家"，这类形态的社会已出现阶级和阶级关系，政体形式有的是一个群体、一个城邦、一个邦联，或者是一个王国，主要分布在美索亚美利加和南美，阿兹特克王国是此类形态中发展最完善的一个原住民政体。北美能够称得上此类形态社会的恐怕只有下密西西比一带的纳奇兹部落。由于这种社会的群体意识已经上升到类似民族和国家的水平，一方面，语言内部的多样性比第一类社会形式要大；另一方面，又有语言一致性的要求，也就是语言统一的需要，而且在语言一致化过程中出现"替代型双语现象"，即其他语言替代母语的现象，如南美的巴拉圭地区。

二、原住民语言的衰亡

根据克劳斯20世纪末的调查，目前美国和加拿大两地约有210种原住民语言，其中美国约175种，加拿大约35种。这些幸存的原住民语言的前途和命运并不乐观。他把这些语言分成A、B、C、D四个等级：A. 包括儿童在内的各代人都说的语言；B. 只有父母辈所说的语言；C. 只有祖父母辈所说的语言；D. 只有老人所说的语言——一般70岁以上老人，且每门语言使用者不超过10个人。

克劳斯的数据显示：美国155种原住民语言中A类语言有20种，占12.9%；B类语言有30种，占19.4%；C类语言有60种，占38.7%；D类语言有45种，占29%。克劳斯推测：D类语言在2010年灭亡；C类语言将在2040年灭绝；到2060年，B类语言也将会灭亡，因此在美国境内现存的155种原住民语到那时将只剩下20种。

那些语言人口比较多的A类和B类语言将同样难逃厄运。举纳瓦霍语为例。纳瓦霍语是阿萨巴斯卡—埃雅克—特林吉特语系西阿帕切语宗中的一门语言，主要分布在美国亚利桑那、犹他和新墨西哥州地区。就近期而言，纳瓦霍语是北美原住民诸语言中最强大、最有生命力的语言，拥有语言人口148,530，占总人口21,9198（1990年人口普查数据）的67.7%，其中包括只会说纳瓦霍语的7,616人。说纳瓦霍语的纳瓦霍儿童要比北美其他说原住民母语的儿童总和还多。但是前景仍然令人担忧。1969年美国有一份关于纳瓦霍阅读研究的报告指出，纳瓦霍6岁入学儿童中说纳瓦霍语的超过90%。但是到了1990年代，人们发现，同样岁数的入学儿童中，只会说英语的却超过了50%，只有一些来自比较偏远的农村地区的纳瓦霍儿童才会说纳瓦霍语。根据《纽约时报》1998年4月19日提供的一个数据，纳瓦霍语作为母语的语言人口已不到30%。50年以前，几乎所有纳瓦霍人都会说，并且都说纳瓦霍语。纳瓦霍语是他们集会、贸易、工作、社交、活动和家庭的正常用语。而现在，纳瓦霍人中间出现了越来越多的只说英语的人。整个纳瓦霍人口中大部分是24岁以下的年轻人，他们中间有一部分已经放弃了说母语的习惯，另一部分根本就不会说母语。而且，越来越多的儿童不再学习纳瓦霍语，只学英语。很显然，纳瓦霍语的传承断层已经形成。如果不能及时填补这一断层，纳瓦霍语的灭亡不过是时间的问题。即使纳瓦霍这样强大的语言，也可能会在将来灭亡，可见，北美原住民语言的衰亡已经到了极其严峻的地步。

再看看2000—2010年这十年间北美原住民语言变化情况。根据2000年美国人口普查数据显示，美国原住民人口总数为2,475,956人，语言人口为381,480人，占总人口的15.4%。其中生命力最强大的纳瓦霍语言，拥有语言人口178,015人，占美国原住民语言总人口的46.7%。而这些纳瓦霍语言人口中，能流利地使用英语交流的纳瓦霍语言人口为115,025人，占纳瓦霍语言人口的64.6%；会说英语的纳瓦霍语言人口为42,975人，占纳瓦霍语言人口的24.1%；英语说得不是很好的纳瓦霍语言人口为14,390人，占纳瓦霍语言人口的8.1%；一点儿英语都不会而只会说纳瓦霍语的语言人口为5,625人，占纳瓦霍语言人口的3.2%。其他美国原住民语言拥有的人口为203,465人，占美国原住民语言人口的53.3%。这些人口中能流利地说英语的语言人口为149,020人，占除纳瓦霍语外的美国原住民语言人口的73.2%；会说英语的其他美国原住民语言人口为41,010人，占其总人口的20.2%；英语说得不是很好的其他美国原住民语言人口为12,430人，占其总人口的6.1%；一点儿英语都不会而只会说美国原住民语言的人口为1,005人，占其总人口的0.5%。从以上数据可以看到，美国原住民语言人口绝大部分已转向英语，英语已在美国原住民中取得了不可颠覆的地位，美国原住民语言人口急剧消失。

2006—2008年美国人口普查局和美国社区调查数据显示，美国原住民语言人口的数据是373,949人。其中纳瓦霍语拥有的语言人口为170,822人，占美国原住民语言人口的45.7%。这些纳瓦霍语言人口中，能使用英语交流的人口为39,724人，占纳瓦霍语言人口的23.3%，相对于2000年来说，纳瓦霍语言人口占美国原住民语言人口的比重有些下降。而其他美国原住民语言拥有的总人口为203,127人，占美国原住民语言人口的54.3%，比重相对上升。由此可见，越来越多的纳瓦霍语言人口开始消失。

根据2010年美国人口普查局和美国社区调查数据显示，美国原住民语言人口为372,095人，相对于过去几年而言，基数又有所下降。其中纳瓦霍语拥有的语言人口为169,471人，占美国原住民语言人口的45.6%，比重相对来说基本保持稳定。其余202,624人为其他北美原住民语言人口，表明语言人口依旧在消失。

总结归纳上述观察，我们看到，去除统计差异因素，北美原住民语言的衰亡实际与克劳斯十几年前的预测基本相符。美国境内的原住民语言总数从175种下降到135种，40种语言消失了。虽然原住民人口中操母语的人口比例略有上升，但总量还是下降了十多万。语言人口在10,000以上的语言由8种降至7种，1,000—10,000之间的语言由28种降至22种，100—1,000的语言由36种升至57种，而原来语言人口在100人以下的82种语言只剩下49种。可见，语言人口的消失现象十分严重。拥有大量语言人口的语言数量的减少，尤其是语言人口在1,000人以上的语言数量的减少，说明北美原住民语言衰亡的趋势仍旧没有得到有效的扭转。

三、原住民语言的挽救

原住民语言的挽救可以分两个层面：一是美国联邦政府的原住民语言政策；二是美国社会，主要是原住民社区基层的语言挽救运动。

1990年10月30日布什总统签署的一项题为《美国原住民语言法》的法律文件，一共做了三件事：第一，认识和肯定了美国原住民语言衰亡的严峻形势；第二，确立了美国原住民语言的地位；第三，提出了挽救美国原住民语言和文化的一套方案。

美国原住民语言政策研究专家赖纳教授认为，《美国原住民语言法》的通过至少有三个方面的意义。第一，这是美国政府自20世纪70年代起推行原住民民族自治政策的延续；第二，这是美国建国后在"印第安事务局"建立的"印第安"学校以及其他"印第安"学校对压制、排挤、打击印第安语政策的纠正；第三，这是美国政府对20世纪80年代初以来发生在美国的惟英语运动（英语官方化运动）的一种反应。斯切夫曼却认为，尽管《美国原住民语言法》是美国历史上政府颁发的最显性的语言政策，其明确程度，任何与语言相关的法律、法令、规定、条例，包括联邦最高法院案例、民权法律条文、《双语教育法》等，无一能与此相比较，尽管某些人由于此项政策是紧随某些州政府（如加利福尼亚）通过惟英语法律后出台而乐观地把它当作语言权利的"大宪章"，该法律不过是一项"亡羊补牢的政策"，也就是说，美国联邦政府出台这项政策不过是装装样子而已。"美国印第安语言实际上已经灭亡，对任何地方、任何人都构成不了什么威胁，那么我们就赐给它们权力和地位吧。"十分明显，赖纳和斯切夫曼的意见分别代表了对《美国原住民语言法》的正面和反面两种评价，都有其正确和偏颇的地方。

美国联邦政府这一系列的美国原住民语言政策是开明之举，代表了美国社会的开明的思想，但是这并不能从根本上改变与此相对立的保守的美国语言文化。美国的语言文化是美国语言政策的基础，也是美国语言政策最隐性但又作用最大的部分，因此此法的积极方面受到了语言文化的限制和削弱，这是由美国语言政策包括原住民语言政策的本质特征所决定的。

当然，《美国原住民语言法》的通过毕竟是一种历史的进步。自15世纪末欧洲白人登上美洲大陆至今，他们对原住民语言进行诋毁、排挤和打击，迫使它们走上了灭亡的道路。美国政府建立以后也一直推行同化原住民文化、毁灭原住民语言的政策，把它们一步一步地推进了死亡的深渊。然而，此法的出台，改变了政府的基本态度和政策立场。首先是对美国原住民语言的评价有所改变，承认了原住民及其文化在美国的"特别的地位"，承认原住民语言对原住民的重要性。其次是指出了对原住民语言态度及政策方面的错误，承认了美国政府以往的政策导致原住民语言衰亡的责任。最重要的当然是宣布了保护原住民语言的政策。平心而论，这一切确实体现了美国政府原住民语言政策的较大变化，不仅给长期遭受歧视和压迫的原住民语言一个比较公正的评价，而且给濒临灭亡的众多语言带来了一线希望，给正在努力挽救这些语言的人们注入了动力。

原住民社区挽救母语的典型是纳瓦霍部落的拉弗洛克示范学校的原住民语言教育。

拉弗洛克社区坐落在亚利桑那、科罗拉多、新墨西哥和犹他州交汇处一个名叫钦勒镇的地方，这里纳瓦霍人最为密集。1966年7月7日，社区决定建立一所属于自己的学校。这一学校的全称是"拉弗洛克示范学校"，是全美第一所完全由原住民掌握和管理的社区学校。

由于学校完全由原住民部落管理，学校教授纳瓦霍语、并用纳瓦霍语进行教育，拉弗洛克学校成立不久就引起了美国社会的广泛关注。时任美国参议院原住民教育特别委员会主席的罗伯特·肯尼迪把拉弗洛克学校称作为全美原住民学校的典范。

建立拉弗洛克原住民社区学校的理念是：纳瓦霍人相信自己有权利并有能力指导和管理他们子女的教育。因此，无论是领导机构的组成成分、居民的参与程度还是课程设置以及教学安排都表明：这是一所纳瓦霍人自己的学校。

拉弗洛克示范学校要把学校办成纳瓦霍人自己的学校，很自然，双语教育是其中重要的组成部分。拉弗洛克学校主张"相辅相成"的原则，让学生同时接触纳瓦霍语言文化和美国主流社会的语言和文化。拉弗洛克双语教育的另一半是英语教育，主要是通过"英语作为第二语言教学项目"进行的，让他们认识纳瓦霍语和英语都是有用的思维工具。

回顾拉弗洛克示范学校40多年的办学历史，它的成功不仅为原住民教育树立了典范，而且为原住民的自决和自治做出了榜样。自欧洲人入侵北美以来，原住民接连不断地遭受白人的军事打击、宗教同化、文化围剿，主权丧失殆尽，语言文化被摧残，尊严被诋毁。拉弗洛克的成功再一次充分证明了纳瓦霍人乃至整个原住民民族的价值，使他们重新获得了尊严和自信。学校通过社区的领导、居民的参与，成功地实现了自治，证明了原住民组织才能和管理能力以及管理理念的价值。学校为社区提供了一个经济发展基础，通过以原住民传统工艺为基础的技术教育项目为社区的经济发展提供了技术指导和人才，促进了社区的经济发展，展现了一条原住民自治的重要途径。学校为社区恢复了纳瓦霍语言文化环境。拉弗洛克学校虽然从事的是双语教育，但他们更注重原住民语言的保护和发展，学校里不仅提供纳瓦霍语的教育，而且用纳瓦霍语进行教学。由于学校大部分雇员是能流利地讲纳瓦霍话的社区居民，纳瓦霍语就十分自然地成为社区的"官方语言"，不仅课堂、宿舍、学校内部用纳瓦霍语，而且工作场所、服务部门、政府机关都用纳瓦霍语。英语仅仅作为第二语言的教育。因此他们是维护性双语教育唯一成功的典范。

思考题

1. 语言衰亡的主要特征是什么?
2. 语言衰亡的主要原因是什么?
3. 语言衰亡会给人类社会带来哪些影响?
4. 为什么美洲和澳洲17世纪以来有大量语言衰亡?
5. 语言挽救与复兴的关键在哪里?

推荐阅读

Crystal, D. 2000. *Language Death*. Cambridge: Cambridge University Press.

Dixon, R. M. W. 1997. *The Rise and Fall of Languages*. Cambridge: Cambridge University Press.

Fishman, J. 1991. *Reversing Language Shift: Theoretical and Empirical Foundations of Assistance to Threatened Languages*. Clevedon: Multilingual Matters.

Harrison, K. D. 2007. *When Languages Die: The Extinction of the World's Languages and Erosion of Human Knowledge*. Oxford: Oxford University Press.

蔡永良,2010,《语言失落与文化生存——北美印第安语衰亡研究》,上海:上海人民出版社。

第四讲 语言规划与管理

本讲讨论语言的规划与管理问题。语言规划与管理既是一个实践常态，又是一项理论研究。语言规划与管理历史悠久，几乎同语言产生与发展同步，但是理论研究时间不长，差不多与社会语言学同时起步。我们语言的发展充满着各种变化，这些变化大部分是语言规划与管理的结果，所以有人说，一部人类语言变化发展的历史很大程度上就是一部语言规划和管理的历史。

第一节 语言规划

一、规划理念

语言规划是指"所有旨在改变社区语言行为的努力"。这里的社区可以是一个国家，也可以是一个说一种语言的群体。改变语言行为的努力促使语言产生变化，这种努力通常是有目的的、直接的和公开的，大多数情况下是"政府或政府授权、持续长远、目的明确、为解决语言交际问题而改变语言功能的行为"。所以，语言规划具有行政性、计划性、目的性和公开性，当然也有比较隐蔽的规划。

语言规划的制定与实施是一个十分复杂的过程，涉及我们对语言的看法、语言的社会文化功能、不同语言群体的利益以及语言规划的价值取向等问题。

首先说说关于对语言的看法。关于语言，语言学者、行政决策者以及普通民众各有各的想法和意见。大部分民众看到的语言是在他们日常生活中使用的交流工具；行政官员眼里的语言是要他们解决的问题。语言学家对语言的看法是见仁见智，各不相同。比如，普通语言学者眼里，语言是由特定规则制约的一个符号系统，用以逻辑思维、表达观点、交流思想；在社会语言学家眼里，语言不仅是一个由特定规则制约的符号系统，而且是一个与社会行为捆绑在一起的行为系统。语言观念的不同，就会产生不同的语言规划以及对语言规划不同的理解与执行，语言规划也就会出现不同的结果。所以，到底怎样看待语言？语言到底是什么？这是语言规划理论与实践面临的一个重要问题。

关于语言的本质特征，我们在别的地方都已讲过，这里我们只强调语言的社会功能这一点。的确，语言首先是一个符号系统，但是更为重要的是，语言是社会行为，受社会行为规则制约，同时又能够制约我们的行为。我们实际使用的语言，不是抽象的语言，而是可以超越语言规则与语用原则，且具有控制能力的交际工具。它可以作为社会控制的重要手段之一，通常会在与其他语言接触的过程中引发冲突和矛盾。从这一个意义上说，每一个具有不同语言接触的社会，就必须也必然会有语言规划的活动，同时语言规划活动就必须也必然要考虑到掌握不同权力与资源的群体之间的和谐，平衡他们之间的社会、政治、经济以及教育等方面的利益。

通过语言规划赋予某些语言更高的待遇与地位，这是微妙的社会控制行为，不同语言使用者的待遇与地位便会受到影响，这是因为语言具有社会功能。比如说方言，在方言学家眼里，方言是抽象的，是一种语言变体，方言之间的关系是平等的。然而，社会实际存在的方言，通常是经过语言规划后的方言，就不再是方言学家那里中性平等的方言了。方言变体具有了社会价值，尤其是一门语言中某一种或某几种方言成为通用的交际媒介之后。那些成为通用交际媒介的变体被称为"语言"，其他变体被称作"方言"。这就是为什么语言与方言的确定标准不是语言学的，而是行政的缘故。这就是学术与行政对待语言变体的双重看法与标准。实际上，语言规划是一项利用语言社会功能的活动。比如说，世界上有许多国家利用语言规划来实现国家的统一和民族的团结，而这一目标的实现恰恰是充分利用了语言的同化与统一的社会功能。

语言规划目的是解决语言冲突和矛盾，但往往会引发语言冲突和矛盾，甚至触发和加深民族矛盾与冲突，所以我们还需关注相关方面的利益。这是一个极为敏感的问题，尤其是在社会出现大的变动和变化时期。新生的国家需要统一，多民族的国家需要团结，语言往往是一个棘手的问题。比如，第二次世界大战后获得独立的原欧洲殖民地国家，独立后确立国家官方语言成为了他们语言规划的难题。西方殖民主义统治给殖民地留下殖民者的语言与文化，它们不会因为政治上的独立而一夜之间消失。相反，由于长时间的殖民统治，外来语已成为通用语,已经同新生国家的文化、科技、经济结合在一起,尤其是与精英阶层建立了密切关系。民族语言因殖民时期被边缘化,长期以来萎靡不振,有的甚至已经走上了濒危之路。那些多民族的国家,问题更为严重。错综复杂的利益关系使得语言规划十分困难。受此问题困扰的国家与地区几乎遍布全球,非洲撒哈拉地区的国家尤为如此。

所以,语言规划的价值取向也是一个始终伴其左右的问题。一般情况下,语言规划的价值取向并不是单一的,而是多元和综合的,有时甚至是矛盾和冲突的。从表面看,语言规划的目的是解决语言交流问题,但是从本质上看,语言规划事关利益。国家对语言进行规划,必然会从国家利益出发;社区对语言进行规划,也必然会从社区利益着手;个人的语言规划,大多考虑的也是利益。一旦进入利益层面,问题就会复杂。利益有整体局部、近期长远之分,又有层次种类之别。当下,利益价值观的多元化与动态化给语言规划的价值取向提出了严峻挑战。

目前关于语言规划价值取向的讨论与研究处于初创阶段,还没有形成系统的理论。尽管如此,我们还是能够看到一些观点。比如托勒夫森的"语言规划平等观"。托勒夫森在分析讨论英国、美国、中国、菲律宾、澳大利亚、南斯拉夫等国家语言规划的基础上指出,语言规划会导致不平等。例如,语言规划对少数民族以及个人而言意味着不平等,所以语言规划的制定者的任务是尽量地降低和消除这些不平等的程度和影响。斯库特纳博—康格斯等人的"语言规划人权观"与此有相似之处。斯库特纳博—康格斯认为,忽略和否定语言人权的语言规划与政策是"恶性"规划与政策,重视和肯定语言人权的语言规划与政策是"良性"规划与政策。穆勒斯勒等人从语言的多样性出发,讨论语言规划与语言生态之间的关系,认为语言规划与语言以及文化生态关系密切。他们指出,语言多样性是语言与文化生态的基础,语言规划的终极目标是构建语言文化生态的平衡与和谐,以至于语言再也无需规划与管理。

总结归纳这些观点,我们还是要回到利益这一点上来,因为利益是语言规划绕不过去的一个坎。国家规划语言,显然需要考虑各语言族裔之间的平等,维护他们的基本人权,同时也必须考虑到语言文化生态的平衡,这样才能维护国家全局、长远、可持续发展的利益。

二、规划内容

语言规划的具体内容有许多，语言学者为此列出了11个方面，它们是：语言净化、语言复兴、语言改革、语言标准化、语言传播、词汇现代化、术语统一、文体简化、语际交流、语言维护以及辅助语码标准化等。

语言净化，顾名思义，指的是保持语言原有的纯洁，包括规定语言用法，保护语言的纯洁，抵御外语侵袭，防止语言内部分化等。传统的语言规划在这方面做了许多工作。比如，历史上有许多国家曾经建立过语言研究院，如法兰西语言研究院、歌德语言研究院、塞万提斯语言研究院等，其中一项主要工作是纯化日益变化的语言。他们确立标准，排除外来语的干扰，控制外来语词汇的借用，规范新词的使用等等。近来网络新词汇频频出现，许多国家都采取了不同程度的限制，比如我国广电总局日前发布关于英文缩写字母的使用规定等。

语言复兴和语言维护是关系比较密切的两个方面，指面临威胁的母语的复兴与保护。由于全球化的快速推进，语言单元化趋势强劲，致使许多语言出现了衰微趋势。尤其是20世纪下半叶以来，人类语言的大面积衰微引起了语言学家、语言规划者以及广大民众的密切关注。语言维护与复兴进入许多国家语言规划的议事日程。比如：1987年新西兰出台《毛利语言法》，依法保护正在逐渐衰微的毛利语；1990年，美国推出《原住民语言法》，声称要采取必要和有效措施保护和复兴北美原住民语言；1999年斯洛伐克共和国颁布《国家少数民族语言法》，要求给予斯洛伐克少数民族语言权利，使其能够生存与发展。语言衰微程度不同，有的处于濒危状态，有的已经开始衰亡。处于濒危状态的语言还可能通过努力而得到挽救和复兴，但已经走上衰亡道路的语言，人为的努力很难能够使其起死回生。

语言改革我们比较熟悉，包括文字、语音、语法等方面的改革，其目的是方便使用，其中文字改革比较普遍。我国历史上曾经出现过多次文字改革，最早的一次是两千多年前秦始皇时期的文字统一，最近发生的是20世纪50年代的文字简化。秦始皇统一文字是为了更好的交流，1950年代的文字简化也是为了使用方便。

语言标准化的内容比较丰富，包括下面要详细讲到的"地位规划"和"本体规划"。通过语言规划可以将一门区域性语言或方言变成一门主要或标准语言，赋予其特殊的地位之后，强化这门语言的标准。我国长期以来推广普通话的工作可以算作语言标准化的规划活动。无论是操吴方言、粤方言，还是北方方言的人都要学会说普通话，用普通话进行交流。普通话就是汉语的标准语言。普通话的建立就是汉语标准的确立，普通话的推广就是推行全国范围内汉语的标准化。

语言传播也是近期兴起的热门话题。语言传播最典型也是最成功的例子是英语。英语从一种日耳曼的方言，经过若干世纪，先后成为英格兰、美国、澳大利亚、新西兰、加拿大以及其他许多曾经是英国殖民地国家或地区的国语或通用语，而今又是世界通用语言。英语传播如此广泛，除其他一些原因之外，语言规划起到了至关重要的作用。英语成为世界通用语是与以英美为首的英语国家的管理和运作分不开的。上面说到的语言研究院除了维护语言纯洁之外，还要负责语言的海外传播。法国如此，德国如此，西班牙也是如此。当然，在这方面最成功的是英国的"文化委员会"。由于语言传播本质上是挤占其他语言使用空间和语言人口的行为，所以一门语言传播越广泛，对其他语言构成的威胁就越大。

词汇现代化、术语统一以及文体简化是语言规划内容中关联性比较强的三个方面。词汇现代化包括新词汇的创造和借用词汇；术语统一主要指科技领域的术语的规范与统一；文体的简化是指语法和语体的简化，以及社交文体和严肃语体的改善等。我国"五四"运动期间的白话文运动综合了这三方面的活动。清末民初，历史发展，跌宕起伏，语言文化变革被涌上风口浪尖。提倡白话，废黜文言成为运动主流。白话实际上就是词汇的现代化，废黜文言实际上也不是把文言完全丢弃，而是对文言体进行一定程度的简化，使它平民化和口语化，使用更容易。清末民初，现代教育兴起，西方科学入华。当时汉语学术名称和科技词汇十分匮乏，借用、创造以及规范也就成了当务之急。所以可以说，"五四"期间的白话文运动是中国当代一次规模比较大的语言规划。

语际交流指的是为帮助和促进不同语言群体之间的语言交际而设置或选择一门语言作为共同语。共同语可以是人为创造的语言，其中最典型的例子是世界语，也可以是现成语言中确定一门，比如现在世界上传播和使用十分广泛的英语，当然还可以用皮钦语或克里奥语来达到共同交流的目的。确定以人工语言、现成语言还是皮钦语作为交流的共同语言是语言规划的内容。除此之外，还可以既不选择人工语言，也不选择现成语言，而是通过翻译来解决共同语的问题。语言规划有什么样的价值取向就有什么样的选择。

　　辅助语码标准化指手势语、地名、音标等辅助语言标记和符号的标准化和规范化。听障人士使用的手势语也是自然语言，与其他有声语言一样具有交际功能和社会功能，所以也应该予以规划。在这方面新西兰是一个典型。新西兰总人口400万，听障人口估计在4,500—7,700之间。为了顾及听障人士的利益，2005年，新西兰议会将新西兰手势语法定为官方语言。将手势语法定为官方语言的国家还有乌干达、奥地利、巴西、芬兰、葡萄牙等。地名也有很多讲究，不会轻易变动，而任何变动都有政治或社会意义。因此，地名管理也是语言规划所关注的内容。

三、规划类别

　　库伯把语言规划分成三类："地位规划"、"本体规划"和"习得规划"。凯普兰和巴尔道夫把习得规划称作"教育语言规划"。哈尔曼为库伯的分类增加了一个类别，称之为"信誉规划"。

　　库伯的语言地位规划概念是综合了前人观念基础上发展而来的。比如，克劳斯认为，国家认可并确定一门语言的重要性并赋予它与其他语言不同的地位，就是语言的地位规划。随着研究的进一步深入，克劳斯的定义有了进一步的扩展。语言地位规划指的是语言或语言变体的特定功能定位，这一定位包括官方语言、大众交流工具以及教学媒介。当然，语言的功能定位是由权威机构所做出的具有权威的决定。

　　语言的地位规划不仅是指一门语言或若干门语言受到重视并获得特定的地位，而且在它们获得重视以及地位被确定的同时，其他语言的地位也随之被确定。地位的确定是高低之分，一些语言被确定为官方语言或通用语言以及教育语言，它们便获得了比其他语言高的地位，而另外一些语言便被降到低的地位。所以罗宾认为，把所有语言的定位纳入地位规划会产生误解，也很别扭。相反，获得更高一级的地位规划应该纳入功能定位范围，因为它只代表高端地位的确定。在综合了前人理念的基础上，库伯把语言的地位规划定义为"以官方行为改变语言体系、语言功能、语言使用以及语言社区的语言资源的组织结构"。

语言地位规划的例子很好找。几乎每一个国家在建国之时，多少都会考虑语言的问题。许多国家宪法规定一种或几种语言为官方语言，比如，俄罗斯宪法第68条规定俄语为俄罗斯联邦国语，新加坡宪法规定英语、汉语、马来语和泰米尔语为国家官方语言。有的国家还详细规定一种为官方语言、一种为国家语言、一种为通用语言。比如，非洲有些国家，把母语确定为国语，作为民族的象征和认同，把原来殖民者留下来的语言确定为通用语（如英语和法语），再把国语和通用语同时确定为官方语言（如坦桑尼亚的斯瓦希里语和英语，巴拉圭的瓜拉尼语和西班牙语，瓦努阿图共和国的比斯克语、法语和英语等）。有不少国家不在宪法中规定官方语言或通用语言，承认和维持现实中存在的语言现状，比如美国。

本体规划这一概念要比地位规划的概念简单些。库伯指出：本体规划是指类似创造新词、改革拼写以及文字等行为。语言培育、改革、标准化、规范化等都属于语言本体规划。语言本体规划通常与地位规划同步进行，尤其在那些从殖民统治下独立出来的国家，当象征民族认同的母语被确定为官方或通用语言之后，民族语言需要培育强化和改革更新。比如，埃及独立后，宪法将埃及民族语言确定为国语，并决定以此作为埃及国民读书写字的基本语言。这是一项地位规划。当埃及民族语言获得官方地位之后，接踵而至的问题是文字，因为埃及民族语言没有文字，选择什么样的形式编制和创造文字便成了本体规划的基本内容。其他国家同样存在本体规划的问题，比如：以色列决定挽救濒危的希伯来语，把它确定为学校教学用语，第一步就是创造大量的词汇，填补空白；法国决定建立法兰西学院，以进一步规范法语；中国的白话文运动、拼音改革和文字简化都属于语言的本体规划。

语言习得规划是关于语言教育的规划。它与语言的地位规划和本体规划关系也很紧密，比如语言传播。当一门语言获得官方地位以后，一方面本体需要强化，语音、词汇、语法以及文字都需要进一步改革与完善；另一方面必须扩大它的使用范围和增加它的使用人口。语言使用范围和使用人口对一门语言的影响乃至生命都是至关重要的。扩大使用人口也就意味着培养更多的能够听、说、读、写这门语言的人，最佳途径无疑是教育。因此语言教育规划可以单独成为一类。

凯普兰与巴尔道夫认为，语言教育规划与语言规划有很大不同。

语言规划主要涉及政府层面，再由政府渗透到社会其他领域；而语言教育规划则相对集中于教育这一领域，而且通常是在正规的教育体系内。

与其他两类规划相比较，习得规划内容更为丰富。比如，制定教学大纲要确定语言教学的语种，确定语言教学师资的数量和标准，确定教材以及把握教材与课程规范要求之间的关系，确定教学成本，等等。同时还要建立各级测试和监督机制，监督语言教学的进程和效果。语言的教育规划实际上涉及教育规划的很多方面，比如教学规划、学生和教师发展规划、教材设备规划、社区关系规划以及评估规划等。

哈尔曼的"信誉规划"与上述三项规划不同。根据哈尔曼本人的观点，语言本体与地位规划，包括习得规划，是输出性或者说是创造性行为；而信誉规划是具有评价功能的"接受性"行为，评价地位规划与本体规划被接受的程度和效度。简单说来，在进行语言地位、本体、习得规划的同时，还必须进行这些规划的可行性规划。

第二节 语言政策

从定义上区分语言政策与语言规划不是很容易。社会语言学家常常把两者合在一起。但如果要把它们分开，也不是不可以。语言规划具有宏观、动态、从上至下的特征。国家政府从整体出发，对语言进行规划与管理。语言政策虽然也由政府制定，但通常比语言规划更为具体、更为基层。语言规划可以指国家机构干预语言形态的动态过程；语言政策可以指静态的、成文的宪法条款与法律文本。用一比喻说法，语言规划具有"战略性"；语言政策具有"战术性"。

一、显性政策

在分析和研究美国语言政策时，斯切夫曼提出了"显性政策"和"隐形政策"两个概念。显性政策是指"明文规定的政策与法令"，比如宪法关于语言的规定条款；隐性政策则是一种称作"语言文化"的语言意识形态。在语言规划过程中，这两种形态的政策同样起到它们的作用，而且隐性政策起的作用更大。

世界上大多数国家有显性的语言政策。根据美国一个从事促进英语为美国官方语言的民间组织"美国英语协会"网站上所记录的数据，世界上现有178个国家都有明文规定的官方语言，比如阿富汗，宪法第一条第16款规定普什图语和达里语同为阿富汗国家官方语言；又如德国，德语被确定为官方语言，国家也以法律的形式承认少数民族的语言，其中包括索布语、罗马尼亚语、丹麦语、北弗利西亚语；再如拉脱维亚，宪法规定拉脱维亚语为国语。

一个国家的显性政策除体现在宪法等国家根本大法里面之外，还体现于阶段性的、临时的或某个部门针对某一事件或方面所制定和颁发的政策、法令、规定等，比如上面讲到的新西兰《毛利语言法》、美国的《原住民语言法》以及斯洛伐克的《国家少数民族语言法》，都是关于少数民族语言问题的法律规定。

语言教育是语言规划的重要领域，因此语言政策要比其他领域多。中华人民共和国成立以来，关于语言教育，尤其是外语教育的政策和法规，包括教学大纲、教学计划、教学通知等数不胜数。比如《关于从1954年起中学外语课设置的通知》（1954）、《关于中学外国语科的通知》（1956）、《高中英语教学大纲（草案）》（1957）、《初级中学英语教学大纲（草案）》（1957）、《关于在中学加强和开设外国语的通知》（1959）、《对小学开设外国语的有关问题的意见》（1962）、《关于在扩大开设英语比例的同时注意稳定俄语教师队伍的通知》（1962）、《解决学校外文师资的意见》（1962）、《关于解决当前外语干部严重不足问题的应急措施的报告》（1964）、《外语教育七年规划纲要》（1964）、《加强外语教育的几点意见》（1978）、《关于加强中学外语教育的意见》（1982）、《高等院校英语专业高年级教学试行方案》（1984）、《关于外语专业面向21世纪本科教育改革若干意见》（1998）、《高等学校英语专业英语教学大纲》（2003）等。这些文件都是由国家教育部下发的，综合体现了我国自建国以来的外语教育政策。

除政府机关之外（如上面讲到的中国教育部等），地方政府也会颁布和出台语言的政策。那些双重政府的国家尤为突出，比如美国，国家宪法没有规定英语为官方语言，但50个州里面有30个州在自己的州宪法里面规定了英语为州的官方语言。这同样能够反映这个国家的语言政策。

二、隐性政策

斯切夫曼给隐性政策下的定义是：不是以明文规定的形式，而是约定俗成的、隐藏在社会民间的，但能左右语言政策和改变语言行为的意识形态。斯切夫曼把这种意识形态称作"语言文化"。语言文化能量很大，某种程度上，比明文规定的语言政策还要大。一方面，它是语言政策和语言规划的思想和理论基础；另一方面，它是语言规划与政策实施的社会和心理基础。一项语言政策和语言规划的确定和建立需要理论指导和思想引领，它的执行和贯彻又必须得到社会民众的支持。

哈尔曼的"信誉规划"实际上可以称作"语言文化"的规划。一项语言政策与规划无论优劣，贯彻实施都需要社会支持。纵有良策许多，但没有良好的语言文化，也无济于事。相反，即便没有明文规定的语言政策或者人为的规划，良好的语言文化同样能够调整和规范语言行为。世界上有很多国家没有关于语言的宪法规定。没有宪法规定国语的国家并不是没有国语，语言生活也并不糟糕混乱。他们靠的就是语言文化这一隐性的力量维持国家正常的语言生活。比如我们下面要详细讲到的美国，没有在宪法里面规定英语为官方语言，但这并没有影响英语为美国事实上官方语言的地位。尽管移民浪潮一波接一波，各种语言纷至沓来，也没有对英语的官方地位构成实质性的冲击，这与美国长期以来形成的语言文化有关。它是美国语言政策的隐性部分，不仅是显性政策的依托，而且还是稳定语言格局和语言生活的基础。一旦出现问题和危机，语言文化就会产生积极作用，干预语言生活和语言行为。语言文化是隐形的，但又无所不在的；它的功能是隐性的，但又是十分重要的。

三、欧洲的语言文化

欧洲的语言文化提供了一个很好的实例，其传统悠久，而且发展和变化也很大。早在基督教圣经的创世说里就有有关语言的论说，上帝告诉人们：地球上的人类有一种语言，说一种话。然而，人类却利用这一方便，开始了巴比塔的建造，上帝对此很不满意。人类同说一种语言，他们就可以团结一致，挑战上帝的权威，于是上帝决定开始惩罚人类，让他们说各种各样彼此听不懂的话。

从表面看，这段创世说解释了人类为什么说各种各样的语言，然而它的深层却表达了一种理念：人之初，只有一种语言。一种语言是理想状态，而我们现在有许多语言，语言种类多不好，是上帝对人类的惩罚。这就好像人类开始的时候有一个理想的"伊甸园"，人类只说一种语言是人类的"语言乐园"，是因为人类借说同一种语言之便，违背了上帝旨意，建造"通天之塔"。上帝为了惩罚人类的恶行，把人类语言变成我们现在各种各样互不相通的语言。如同上帝把犯了罪的亚当、夏娃赶出伊甸园一样，人类从此失去了语言乐园。

这种"一种语言是好的"的观点成了欧洲语言文化最基本的理念。欧洲文明史的发展几乎各个阶段都存在着"独尊一种语言"的现象，最初是希伯来语，然后是古希腊罗马时期的古希腊语，之后是中世纪和文艺复兴时期的拉丁语，再是近现代的法语，以及当代的英语。

我们的社会是一个多语社会，一段时间内独尊一门语言可以做到，但是始终独尊一门语言做不到。圣经的最初版本是用希伯来文写成的，从基督教发源地中东传入欧洲，在保证希伯来文圣经的纯真与广泛传布基督教福音之间，出现了矛盾和困难。作为调和矛盾的途径，圣经逐渐被翻译成多种欧洲文字。于是圣经用语从希伯来文、阿拉米文不断地变成拉丁文、法文、英文等。人们普遍认为，只要能够翻译圣经的语言，就是基督教的语言，是值得人们尊重、保护和发展的语言；其他语言则是异教语言，理当受到鄙视、排斥和打击。这是欧洲"自褒"和"排他"语言文化，把语言分成高贵和低贱两种，核心思想还是"语言单一至上"。

进入20世纪与21世纪的当代，欧洲的语言文化产生了很大的变化。欧盟的语言政策能够说明这一变化。当前欧盟的语言政策有两个特点：一是欧盟的官方语言包括了所有成员国的官方语言；二是赋予所有成员国公民以本国官方语言与欧盟机构进行交流的权利。欧盟机构的官方语言和工作语言有24种。欧盟利用广泛的语言服务来解决多种语言实际运用的困难，原因是：欧洲联盟是一个多语体系，其正常运行离不开专业的语言工作者（译员）。联盟各机构的语言服务就是支持并强化欧盟的多语特征，使欧盟更加贴近它的公民，尤其是文件的书面翻译工作，使得欧盟能完成向其公民传递信息并同公民进行交流这一法定职责——联盟通过的法律直接对其公民及公司发生效力，从简单而自然的公正角度出发，公民以及他们的法庭必须有一份以他们语言写成的法律文本。联盟的每一位成员都有权利参加建设联盟的行列，并且能以自己的语言交流。

这种大规模的多语交流可以说是史无前例的。以欧洲议会为例，假定来自芬兰（芬兰语）和荷兰（荷兰语）的两个议员就某一问题进行辩论，他们的发言都要先翻译为某一中介语言（目前通常是英语、法语），然后再译为目标语言（荷兰语或芬兰语）。为实现这样超大规模的多语交流，欧盟组建了世界上最大的翻译机构。欧盟各主要机构，如欧洲议会、部长理事会、欧盟委员会及欧洲法院都有各自的翻译服务机构。作为欧盟的行政机构，欧盟委员会的翻译部门最为庞大：笔译部有约1,750余名笔译人员、600名相关服务人员；口语部有约600名专职口译人员、250名相关服务人员，以及多达3,000名非专职口译人员。根据欧盟官方网站数据，上述翻译人员在2010年总共翻译了约1,800万页文件（每页约1,500字），为11,000场会议提供了口语翻译服务。

欧盟确定这么多的语言为欧盟的官方语言和工作语言，又花这么大的力气提供各种语言服务，是为了保护一个多元化的欧洲，显然欧盟的语言文化已经从"语言单一主义"转向为"语言多元主义"。

第三节　个案分析：美国的语言规划与政策

美国是一个移民国家，几乎世界上所有国家都能在那里找到他们的移民。每一个移民族群就会带去一种语言，加上原住民语言，使得语言格局复杂，种类繁多，所以，美国的语言规划与政策所面临的挑战和解决的方法都具有典型意义。

据格林姆斯在其《世界语言概览》公布的数据，美国共有337种语言，其中137种是美洲原住民语言。美国宪法没有规定国家的官方语言，但是事实上英语就是美国的官方语言。82%的美国人称他们的母语是英语，96%认为自己能说非常好的英语。那些非英语语言，有时也被称为移民语言，有时也被称作少数民族语言，其中还包括那些残存下来的百余种原住民语言。语言人口比较大的移民语言主要有西班牙语、汉语、法语、德语、他加禄语、越南语和意大利语。移民语言，包括原住民语言，就是美国的外语。美国的外语种类繁多，有其他印欧语，如西班牙语、法语、德语、意大利语、俄语、波兰语以及印度语等，也有许多亚洲和太平洋诸岛语言（简称亚太语），如汉语、韩语、日语、越南语、他加禄语等，还有阿拉伯语和非洲诸语言，这些种类繁多的语言丰富了美国的语言资源，同时也对美国的语言政策形成挑战。

一、殖民时期

美国复杂的语言格局的形成是一个长期、渐进的过程，从大英帝国殖民北美开始。因此美国的语言规划与政策始于殖民时期。这一时期的语言规划与政策有两个特点：一是继承欧洲大陆传统，以语言单一主义为原则、以英语为核心的语言统一和同化政策；二是适应北美大陆语言格局复杂的实际，以英语为主的双语或多语并存的兼容过渡政策。殖民地的基督教传播活动比较集中地反映了这两种政策的特征。关于传教用语，传教士以及殖民地政府有两种不同的意见，其中一种意见是用英语进行传教，要让原住民学习英语，因为只有英语才能正确无误地表达圣经的意义，原住民语言被认为是异教徒野蛮的语言，必须消除或同化。所以，他们只允许用英文从事传教，平时也坚持使用英语交流，并努力保证使用纯正的英语。

与此有所不同的是艾略特的双语传教。他在新英格兰殖民地成功地建立了十多个"印第安祈祷村"，吸引了数以千计的原住民。艾略特的传教采用了原住民语言和英语双语并用的方式，一方面比较迅速有效地传播了基督教的福音，另一方面成功地传授了英语，构建了美国双语教育的模式，形成了美国语言政策包容、过渡的特征。

然而，这两种政策并不是并行不悖、相辅相成的，而是时常争论、互相冲突并互相替代的。美国语言政策的整个历史几乎是两种政策的左右摇摆的历史。"菲利普王之战"中，印第安祈祷村皈依基督教的原住民纷纷起来反抗英国殖民者的统治，殖民当局把责任归罪于艾略特的双语教育，包容过渡政策迅速倒向统一同化这一端。

二、建国之后

美国建国时期，虽然还有许多原住民语言，白人中间也有许多非英语语言，有的还很强势，比如德语，但总的来说，以英语为核心的语言生态已经形成。出于"统一战线"的考虑，语言政策呈现"包容、过渡"的特征。在宪法中没有提及语言问题，但是到了内战结束之后，又一下子变成了严厉的统一与同化政策。这一变化集中体现于原住民的语言教育。

19世纪下半叶南北战争结束之后，美国政府为了彻底解决"印第安人"的问题，推出所谓的"和平政策"，其中主要是对原住民实施的以"改造同化"为根本目的、英语教学为主要内容的教育。基本形式是"寄宿学校"和"惟英语教育"，教育对象是原住民儿童，学校采取严格的军事管理制度，强迫他们学习英语，放弃母语，试图快速、有效地将他们融入美国白人文明之中。成千上万原住民儿童接受了这种强制性语言教育，他们被强行组织在一起，有的被送到千里之外的"保留地外寄宿学校"，远离亲人故土；有的被送往保留地附近的寄宿学校，接受"惟英语"、"沉浸式"的"美国文明"教育。学校当局规定，原住民儿童不准说母语，只准说英语，目的是为使他们尽快忘却母语，学会英语，忘却"土著文化"，融入"美国文明"。惟英语教育使得原住民语言传承出现断层，沉重打击了原住民语言与文化，严重影响了它们的生存与发展，同时波及其他移民语言，从而使英语的强势得到进一步巩固。

20世纪50年代，美国民权运动爆发，在语言文化多元主义思潮的影响之下，美国的语言政策又开始从统一、同化一端走向过渡、包容一端。

1968年《双语教育法》出台。《双语教育法》是美国联邦政府唯一一项关于少数民族语言教育的政策，主要内容规定联邦政府拨款资助中小学设立双语教育项目，帮助语言能力较弱的少数民族子女——主要是西裔移民子女——提高英语水平，以便能够在学业上跟上英语为母语的同学。1969年第一年的拨款额度为750万美元，最后一年（即2001年）的政府拨款为296万美元，资助近千个项目。学校的双语教育项目一旦得到立项，能够得到联邦政府连续五年的资助。

《双语教育法》的主要目的在于帮助少数民族子女提高英语水平，英语教育同时得到了强化，与传统的"惟英语教育"的区别在于中间增加了一个"过渡"，因此，《双语教育法》资助的是"过渡性双语教育"，不是少数民族旨在维护和发展自身语言文化的"维护性双语教育"。此法推出之后，经历了多次修改，其中有1974年、1975年、1984年、1988年等的修改，而每次修改都是强调"过渡性"，杜绝"维护性"，确保资金的正确使用。尽管如此，它还是体现了某种程度的包容和过渡，与严厉的语言统一与同化有一定的区别。

美国这一阶段语言政策的包容与过渡取向还体现在上一讲提到的《美国原住民语言法》。

《美国原住民语言法》是美国唯一一部关于语言的法律，于1989年由夏威夷民主党参议员丹尼尔·伊诺耶向美国第101届国会提议，国会以"口头表决"的方式在两院无争议地通过，1990年由布什总统签字后正式成为美国联邦政府的法律。

《美国原住民语言法》首先承认了美国原住民语言的特殊地位和重要作用，并承认美国联邦政府以往的错误立场和政策，然后规定了八条具体的政策：（1）维护和促进美国原住民使用和发展原住民语言的自由和权利；（2）允许没有获得教师资格证书的原住民担任教师；（3）鼓励原住民语言用作教学语言；（4）鼓励地方设立教育项目，贯彻落实此项政策；（5）承认原住民学校使用原住民语言实施教育的权利；（6）承认原住民部落政府机关将原住民语言作为部落或政府的官方语言的权利；（7）支持原住民语言教学颁发证书，承认原住民语言水平证书并视同外语水平证书；（8）鼓励各级各类学校在有条件的情况下开设原住民语言课程。

《美国原住民语言法》通过两年后，伊诺耶再次向参议院递交了《美国原住民语言生存与繁衍保护拨款方案》，修改和补充《美国原住民语言法》，使之具体化，保证原住民语言保护和复兴工程的经济基础。2000年初，伊诺耶参议员再次提案，更为具体详细地申述了保护和复兴美国原住民语言的政策立场。

由于美国原住民语言已经"病入膏肓"，早已过了能够挽救与复兴的最佳时机，因此，《美国原住民语言法》的颁布虽然体现了美国联邦政府的善意，但是这迟来的好意无济于事。有人估计，到2050年，几乎所有的原住民语言将不复存在，其文化也将随语言的灭亡而灭亡。

三、新世纪以来

21世纪以来，美国出现了一系列新的语言政策与举措。2003年12月8日，新泽西参议员霍尔特向国会提交《国家安全语言法案》，提出美国国家语言安全战略，提议美国大中小学发展关键性外语教育，提高美国外语应变能力，保证美国国家的安全。2005年政府发布"白皮书"《国家外语能力行动倡议书》,号召美国公民学习国家需要的"关键语言"。2005年5月,民主党参议员利伯曼和共和党参议员亚历山大向美国参议院提交了《2005年美中文化交流法案》,要求美国政府在5年内从联邦资金中拨款13亿美元,用于汉语教育。2006年11月5日,美国教育部和国防部联合召开全美大学校长国际教育峰会,美国总统布什在会上发起"国家安全语言倡议",并拨款1.14亿美元支持"国家旗舰语言项目",培养国家急需的"关键语言"人才。这一系列的举措可统称为"关键性语言"计划。

"关键性语言"是指影响美国国家安全的部分外语,其中包括阿拉伯语、韩语、日语、汉语、普什图语、波斯—法希语、塞尔维亚—克罗地亚语、俄语、葡萄牙语等。"关键性语言"是一个开放系统,可以根据需要进行增加,只要对美国国家安全构成影响的任何外语都是"关键性语言"。

"关键性语言"计划出台的动因有几个,最直接的是"9·11事件"。由于外语能力的缺失,美国情报机关解读重要情报的能力降低,贻误了最佳防范时机。这给美国人留下了极为惨痛的教训。事后美国人把它看成是继1950年代苏联人造卫星上天以来的第二次挑战,于是把外语学习提高到国家安全的战略地位。

其次是美国在海外战场的外语需求。他们在阿富汗、伊拉克等地的军事行动常常受到外语能力的限制而无法充分发挥军事优势。美国现存的外语教育布局远远不能满足海外实战的需求。美国大学99%的外语教育集中于欧洲十多种语言,学习古希腊语的大学在校生有20,858名,超过学习阿拉伯语(10,596名)、汉语(5,211名)、波斯语(1,117名)和普什图语(14名)的学生总数。外语教育的现状直接影响到美国海外军事行动的成效,以及国家安全防护能力。

美国"关键性语言"计划比较深远的背景是全球化。伴随经济全球化的进程,文化全球化已成为必然趋势,英语在世界范围内的广泛传播为美国在经济和文化全球化进程中占据主导地位提供了保障。但是美国认识到,要成为全球强有力的领导者,还必须具备充分的外语能力,全面了解世界文化,特别是那些关键性国家与地区的语言文化,以便"知己知彼,百战不殆"。

美国"关键性语言"计划的主要目的是为了进一步维护美国的国家利益,其中包括国家安全,以及在经济全球化(包括文化全球化)中的领导地位。霍尔特希望他的法案能够改变美国外语能力低下的局面,使美国具备应对世界范围内新的威胁的能力。

美国政府认识到,确保美国在经济和贸易全球化中的领导地位,学习外国语言和了解他国文化是必不可少的,因为贸易是在全球各个国家进行的,虽然英语在世界范围内的传播十分广泛,但是全球人口中说英语的人依然是少数。要使美国的经济在全球化的背景中始终能够持续发展和繁荣,生产吸引世界的产品,并把它们推向世界,美国公民必须具备高超的外语水平和理解外国文化的能力。

美国"关键性语言"计划最为深远的目的是强化"语言战略",并通过它来保持语言文化全球化中的主导地位。所谓语言战略,是指利用语言的交际功能,实现传播国家意志的手段,实现国家战略目标。布什在大学校长国际教育峰会上指出,安全语言计划培养通晓关键国家与地区语言文化的谍报人员与外交官员,以此来实现和维护美国国家安全,这是短期计划,而更大的意义在于长期战略。美国政府认为,语言是一种资源,具有交际和传播的功能。美国的长治久安在于自由与民主意识形态的广泛而有效的传播。要做到这一点,美国必须掌握"语言权",即能够用"他们的语言"来"传播民主意识和自由思想",使人们相信美国的价值观。因此,美国"关键语言"计划最重要的目的是掌握"语言文化制动权"。

美国的语言政策从殖民时期至今,林林总总,其中,有显性的,也有隐性的;有联邦政府的,也有地方政府的;有包容的,也有强制的;有单一的,也有多元的;有短期的政策,也有长期的战略。但归根结底,本质特征是文化传统和利益驱动的结合。强制是为了国家利益,包容也是为了国家利益,利益是终极目的。

思考题

1. 什么叫语言规划与政策?
2. 语言规划与语言政策有没有区别?区别在哪里?
3. 语言规划主要类别有哪几种?彼此有何关联和区别?
4. 欧洲语言文化的主要特征是什么?
5. 美国的语言政策的本质是什么?

推荐阅读

Kaplan, R. and R. B. Baldauf. 1997. *Language Planning: From Practice to Theory*. Clevedon: Multilingual Matters.

Spolsky, B. 2009. *Language Management*. Cambridge: Cambridge University Press.

Spolsky, B. 2004. *Language Policy*. Cambridge: Cambridge University Press.

李宇明，2012，《语言规划论》，北京：商务印书馆。

李宇明，2013，《语言规划续论》，北京：商务印书馆。

第五讲 语言与文化

我们在"概说"一讲里面已经大致提及语言与文化之间的关系。本讲将从语言相对论、隐喻认知观和语言生态学三个方面展开讨论这个问题。

第一节 语言相对论

"语言相对论"是语言、文化、思维关系研究方面一个比较著名的理论,核心概念是:文化通过语言影响我们的思维方式,特别是影响我们对经验世界的分类。这一理论能够帮助我们更好地理解语言与文化之间的密切关系。

一、思想渊源

一提起语言相对论,我们就会想起"萨丕尔—沃尔夫假设"。实际上,关于语言和思维的关系的争论,由来已久。有两种相对立的观念:一是"普遍论",二是"相对论"。普遍论认为,尽管语言存在差别,思维是普遍的和统一的,语言的差异并不影响思维的一致性;相对论认为,思维受语言影响,语言差别导致思维差异。论辩可以追溯到古希腊,柏拉图认为,思维受到风俗习惯和语言的影响;亚里士多德认为,话语是思想符号,不同文化的话语存在差异,但所有思想是一致的,普遍的。

中世纪,人们普遍认为,有一种普遍的"精神语言",即一种独立于任何语言的抽象语言。神学家圣奥古斯丁说,我们大脑中的概念超越任何语言,不是通过说话而外现。英国哲学家罗杰·培根认为,所有语言的语法基本一致,差异很小。18世纪初,意大利哲学家维科认为,不同文化的成员对同样的人和事物看法是不同的。维科的思想为语言相对论奠定了基础。同代人海曼指出:理智不是与生俱来的先天产物，而是在语言指引下的一个能动的联想过程。赫伯的观点更清晰。他认为，语言是人类思想的工具、内容和形式，语言的历史就是一部人类对世界的经验和理解的历史。每一个民族怎么思考就怎么说话，怎么说话就怎么思考。

在萨丕尔和沃尔夫之前，德国哲学家和语言学家洪堡关于语言相对论的表述最完整。事实上，萨丕尔—沃尔夫假设是直接从洪堡语言相对论思想基础上发展起来的。洪堡认为，语言是思维的组织器官。智力活动是大脑活动，无影无踪，思想通过语言外显，为人知晓。思想和语言是一个整体。我们了解思想就等于了解语言，了解语言就等于了解思想。具体说来，洪堡的思想有三个部分：（1）语言的结构对思维的某些方面有决定性的影响；（2）不同自然语言有不同的语言结构；（3）自然语言的语言结构是稳定的，不为语言使用者个人的努力而改变的。这是语言、思维和文化三者之间的关系比较系统的阐述。

二、萨丕尔—沃尔夫假设

毫无疑问，20世纪上半叶美国人类语言学家萨丕尔和沃尔夫对语言相对论思想作出了最完整和最明确的表述。

萨丕尔指出："人类并不仅仅生活在客观世界里。事实上，真实世界很大程度上是无意识地建立在人类群体的语言习惯之上的。我们以我们的方式观察、感知和体验世界，因为我们所处群体的语言习惯预先设定了某些解读世界的选择。"

沃尔夫说："事实上，思维是最神秘的东西。通过研究语言揭示思维的面目是目前我们所能掌握的最佳途径。语言研究表明，一个人的思维模式是由某种固定不变的模式所控制……人的思维存在于某种语言之中，如英语、梵语、汉语等。一门语言是一个庞大的模式体系。不同的语言有不同的模式体系。在这一庞大的模式体系中，人们进行交际，分析自然世界，重视某些现象和关系，忽视另外一些现象和关系，对它们进行规范和推理，以此确定建构意识大厦的类别和形式。"

上述两段论述表达了萨丕尔—沃尔夫假设的基本内容，包含下列几个重要的思想：（1）我们不仅生活在客观世界里，也生活在主观世界里，这是语言相对论假设的前提；（2）我们的主观世界是由"语言的习惯"或"模式规律"所构建的；（3）不同的语言有不同的"语言习惯"或"模式规律"；（4）客观世界是由主观世界的活动而得以感知的；（5）使用不同语言的人对自然世界有不同的感知。萨丕尔的"语言习惯"和沃尔夫的"模式规律"是指语言的结构体系，即语法。

进一步分析萨丕尔—沃尔夫假设，可以看到，假设有几个比较明显的特点。

首先，假设所谓的"语言差异"局限于语法范围。20世纪上半叶，语言研究主要是语言结构的研究，严格意义上的语义的科学探讨还未开始，因此，无论是萨丕尔的"语言习惯"还是沃尔夫的"模式规律"，都是指语言的语法结构。用沃尔夫本人的话说："……语言相对论指……明显不同的语法使不同语言的使用者用不同的方式观察和评价外在同样的事物……"

第二，假设明显地带有结构主义语言学的特征。萨丕尔和沃尔夫都把语言的差异放在语言结构的差异上面，并且把人类的行为（包括思维行为）通过语言进行结构化。沃尔夫认为，任何语言的语法结构都包含宇宙结构。

第三，萨丕尔和沃尔夫假设分"弱式"的"相关论"和"强式"的"决定论"，透视了假设本身所未能解决的一个问题，即语言在多大程度上影响人们的思维行为。萨丕尔和沃尔夫将着眼点放在语言的词法和句法上，通过它们的差异探讨人类群体行为结构的差异。与洪堡相比，这无疑是进了一大步。然而要深入研究语言与行为之间的关系，尤其要解答语言在多大程度上影响和决定人类行为这一问题，仅仅停留在语法结构上显然是不够的。萨丕尔的"语言习惯"和沃尔夫的"模式规律"应该包括比"词法结构"和"句法结构"更多、更广的东西，如语义结构、交际规律、语用原则等。也许只有这样，才能最终解释和把握语言在多大程度上影响和制约人类行为的问题。

三、语义的相对性

冈帕斯和莱文森说："语言相对论是关于意义的假设。"语言相对论的真正意义并不在于语法结构与人类行为的关系，而是在于"不同语言意义的表达差异"的研究。语言的语法结构具有一定的普遍性，但是，语言意义的表达本质上是相对的。

差不多与萨丕尔—沃尔夫语言相对论思想成熟的同一时期，北美大陆受索绪尔结构主义语言学思想的影响，出现了美国结构主义语言学派。结构主义语言学重视语言结构，忽视语言意义。学派代表人物布龙菲尔德说，语言意义不好把握，也不易描写。要保证语言研究的科学性，就得研究语言结构。乔姆斯基也不喜欢语义，他说，语言意义难以捉摸，描写十分困难，研究语义会导致"动摇语言学理论的根基"。他在转换生成语法理论模式中尽量排斥语义。受到挑战后，一次次修改他的理论模式，增加语义部分及其表述，但仍旧没有说清楚。语言意义不像语言结构，没有抽象的普遍规则，所以难以捉摸和描述。

美国语言学家格林伯格做过归纳词汇意义结构的尝试，但是失败了。他发现，可以归纳普遍规则的词汇很少——只有颜色词、亲属关系称呼等很少几个。但是，就是颜色词、亲属称呼词也很难说有普遍性。世界大部分语言中有基本的颜色词，但分类和种类不同。大部分美洲原住民语言中的颜色词比较简单，欧洲文化中的颜色词汇相对比较复杂。汉语颜色的分类不同于英语的颜色分类，"红、橙、黄、绿、青、蓝、紫"中的"青"与"蓝"，在英语中只有"blue"一词。亲属称谓词也是这样。英语"uncle"和"aunt"分别代表了汉语中的"伯、叔、舅；姨父、姑父"和"姨、姑；伯母、姑母、婶母"等。词汇意义具有文化特征，它是具体的和相对的，与文化联系在一起的，是一个万花筒，没有普遍结构。

语义的相对性是由语义的产生方式决定的。20世纪80年代，人们对语言结构的兴趣转到了语言使用。语言使用的研究表明，语义产生于使用过程中，任何超越语言实际使用的抽象意义，都是没有意义的意义。语言使用的过程是语言符号或者结构获得真实语义的过程。这一过程的完成依赖语言使用发生的"天时、地利、人和"，概括说来叫"语境"。

"语境"是语言使用理论的核心观点。语境分"言内"和"言外"两种。在确定语义的过程中起主要作用的是言外语境。它是"话语或文句的意义所反映的外部世界的特征"。包括两个方面，一是话语发生的实际情景——时间、地点、场合等；交际的参与者——发话人、受话人、听话人等；交际方式——正式、随便等；交际途径——口语、笔语；话题性质——严肃认真、轻松活泼等。二是与话语相关的范围更广的社会关系以及文化背景。所有这些因素都会参与语义的形成。举一个最简单的例子。一张明信片上的"It's lovely here!"中"here"在哪里？是海滩、高山，还是北京、纽约？动词"be"现在时的运用，时间怎样确定？是作者写明的日期，还是明信片寄出时邮戳所示的日期？"It"可以是没有意义的代词，如"It's raining"中的

"It",但是也可能是交际双方所感兴趣的某个东西,如高尔夫球、高山滑雪、沙滩排球等。这是一句极其简单的英文句子,但是真正要确定它的语义,必须考虑各种与它相关的语境因素。由此可见,即使全世界的人都说一种语言,语义仍然是相对的。

语义的相对性是由语境的相对性而决定的。无论普通的说话人还是研究语言的专家,都无法抽象地确定相关的语境因素。要确定这些因素,必须进入语言的真实使用场景之中。那张明信片上的话,严格地说,只有作者本人以及作者心目中的读者能够确定各种语境因素,从而确定语义。作者遣词造句,包含语境各因素;读者理解意义,依赖语境因素。可以说,语境的相对性导致了话语解读甚至语言使用整个过程的相对性。从这个意义上说,即使是最弱的语言相对论也能站得住脚。

语言相对论是人类探索语言、文化和思维关系的重要思想。尽管建立在语言结构差异研究基础上的萨丕尔—沃尔夫假设有不能使人信服的地方,但是它毕竟发展和深化了古典语言相对论的思想。语言相对论引导我们以客观、唯物的态度,重视语言、文化和思维的多样性和民族性,而不是以主观的、唯心的立场,追求单一性和普遍性。这就是为什么语言相对论对社会语言学至今还有重要理论价值。

第二节 隐喻认知观

能够帮助我们进一步理解语言与文化的另外一个重要的经典理论是"隐喻认知观"。美国语言学家雷考夫和约翰逊1980年出版了一本题为《我们赖以生存的隐喻》的著作,在深入研究隐喻的本质特征的基础上,提出了"我们是通过隐喻来认知世界"的观点。语言相对论解释了语言与文化的相对性,隐喻认知观揭示了认知的相对性。所以,它能够帮助我们加深对语言与文化关系的理解与把握。

一、隐喻与修辞

对于大多数人来说,隐喻是一种修辞方式,用于诗歌,抒发感情,表达美好的意义,是一种美文技巧。关于隐喻的研究是传统语文学和修辞学的内容。

第五讲　语言与文化

　　我们对隐喻等修辞方式的认识和运用可以追溯至美索不达米亚文明时期。大约公元前2334—2154年间兴盛的阿卡德帝国关于恩西杜安娜公主的故事，就有许多包括隐喻在内的修辞方式的运用。在古代埃及，尤其是在"王国中期"，举行辩论成为时尚，辩才之一就是如何在辩论中恰当使用修辞手段。中国春秋战国时期的孔夫子是一位运用修辞的高手，不仅自己广泛使用修辞，而且成为后人模仿的典范。

　　修辞研究始于古希腊时期。古希腊经常组织论辩，这一活动对口头表达技巧要求很高，那些著名的哲学家都是出色的雄辩家。修辞手段的运用能够使语言表达精彩动人。修辞的频繁运用促使希腊人开始思考和探索它们的本质特征以及逻辑规律。对此感兴趣第一位希腊先哲是恩培多克勒，他关于人类知识的研究为后来的修辞学研究奠定了基础。亚里士多德称他为修辞学的鼻祖。恩培多克勒的同代人克拉克斯和他的学生提斯亚斯合写了第一本关于修辞的小册子。公元前5世纪的希腊，雄辩术教学很普遍。普罗泰戈拉、高尔吉亚和伊索克拉底等人都是著名的雄辩术教师。他们培养了一批杰出的雄辩家，其中包括最著名的狄摩西尼和利西阿斯等。当时的教学主要内容分五块：创意、安排、文体、记忆和表达。这些内容仍旧是现代修辞学教学的重要参考。古希腊、古罗马时期，政治共和民主，公众辩论时尚，所以，研究如何使辩论精彩、生动的修辞学与政治结合紧密。

　　中世纪欧洲，大学教育兴起，修辞学成为一门课程进入课堂。由于君主专制统治，政治民主受到压制，古希腊雄辩传统式微，修辞术退出政治舞台，进入宗教领域。这一时期，圣奥古斯丁对修辞学产生了重大影响，他认为，用好修辞手段，能够使布道更加精彩，吸引力更大。与此同时，修辞手段进入诗歌和文学。罗马帝国灭亡后，诗歌成为学习修辞的途径和工具。

　　16世纪法国的修辞学研究将范围集中到了比喻手法，把创意等其他内容分离了出去。

　　20世纪，修辞学更加趋向专业化。高中和大学都相继开设修辞课程。并分化出许多相关课程和学科，比如"公共演讲"以及"讲演分析"等。然而无论如何演变和发展，修辞学的核心仍旧是"美言美文"，目标在于"饰文"，使文章或讲演精彩、生动。所以其中包括隐喻在内的"比喻"占据了重要内容。

　　我国修辞学著名专家陈望道的经典著作《修辞学发凡》，其中比喻等"辞格"占据了很大部分内容。就辞格一项，他列出了近40个。

在修辞学里，隐喻的定义是，进行隐藏比较的一种修辞手段。隐喻是一种比喻，用一种事物暗指另一种事物，表达方法：A是B。汉语里面通常称为"暗喻"，与明喻相对。在英语里面，明喻（simile）和隐喻（metaphor）很好区分，明喻有明确表示比较的介词，"like"或"as"。比如："My husband lies in the bed like a vegetable"（我丈夫瘫在床上，像一株蔬菜）喻指植物人；而隐喻则不用类似like或as等的介词，比如"My love is a red, red rose"（我的爱人是一朵红红的玫瑰）喻指我爱人的美丽容貌。

本体和喻体的关系可以分成若干类：（1）并列关系；（2）修饰关系；（3）是注释关系；（4）复制关系；等等。

我们可以从上面简要的叙述和说明看到，传统修辞学里的隐喻是一种修辞格，一种用来装饰文字、强化感情和增强表达的手段。隐喻对修辞而言，是许多辞格中的一种，它同其他修辞格一样，除开特有的美文功能之外，没有其他特别的地方。这就是隐喻的传统意义功能。但是，隐喻的用处和功能远不止这些。

二、隐喻与概念

雷考夫和约翰逊的研究揭示了隐喻另外一个功能：概念认知。这比它的美文功能重要得多。它指出了人类认知外界的途径，并解释了语言与文化之间关系的相对性。

首先，隐喻不仅出现于高雅文章或精彩讲演中，或者浪漫诗文里，而是时时都在我们的身边。我们每天交流的日常用语，以及时时刻刻进行的思考，都离不开隐喻。

其次，我们生活在概念世界里，我们的思维和行为是一个概念系统，而隐喻性是这一系统的本质。这一概念系统驾驭与控制我们思维，这并不仅仅包括我们的智力活动，同时还包括我们每天的所有活动。它帮助我们认知世界，同外界交流，与他人交往。没有它，我们周边的实际包括我们自身的存在都将是一团乱麻或一锅粥，无法分辨与识别。

取一个概念"论辩"来说明这一点：我们通常会说"论战"（Argument is war），把论辩比作战争，引申出相关隐喻，如"保卫""进攻""胜利""射击""战略""消灭""目标""击落""攻陷""阵地"等。用雷考夫和约翰逊的英文例句：

（1）Your claims are *indefensible*.
　　（你的断言是<u>站不住脚</u>的。）
（2）He *attacked every weak point* in my argument.
　　（他对我论点所有<u>弱点</u>进行了<u>攻击</u>。）
（3）His criticisms were *right on target*.
　　（他的批评<u>击中了要害</u>。）
（4）I *demolished* his argument.
　　（我<u>摧毁</u>了他的论点。）
（5）I've never *won* an argument with him.
　　（与他争辩，我从来没<u>赢</u>过。）
（6）You disagree? Okay, *shoot*!
　　（你不同意？来吧，<u>放马过来</u>！）
（7）If you use that *strategy*, he'll *wipe you out*.
　　（如果你采取那样的<u>战略</u>，他会把你<u>彻底消灭</u>。）
（8）He *shot down* all of my arguments.
　　（他<u>攻破</u>了我所有的论点。）

我们看到，我们不仅仅把论辩比作战争，我们还真的在论辩中被击败或获得胜利。我们把论辩对手看作"敌人"，攻击他们的阵地，同时也保卫自己的阵地；我们攻克阵地，也会失去阵地；我们计划和使用战略战术。如果发现论点站不住脚，我们会开辟另一条战线。在论辩过程中我们所做的一切几乎都是由战争这一概念组织和建构的。虽然这不是真正意义上的战争，但这是言语战斗，战争中各种要素和行为都在这里得到反映。"论战"是我们概念系统中的一个概念，是伴随我们的隐喻之一。我们无法想象，把辩论比作跳舞会是怎么一回事。跳舞没有阵地，没有消灭，也没有攻克，虽然我们最近出现的"舞林大赛"还尽量往"战斗"（武林）那边靠。因为在我们的文化里，或者说在我们的概念系统里，论辩就是战争。这就是隐喻性概念的一个例子。我们通过这个隐喻来理解论辩，谈论论辩和进行论辩。也就是说，论战这个隐喻构建了论辩这一概念。

我们的概念是一个通过隐喻建构起来的系统，所以我们的语言也是一个由隐喻建构起来的系统。我们认识、解释和实施论辩，不是借助于战争每一个单独的概念，而是通过一系列与战争相关的概念组合起来的系统。关于战争概念系统的语言也是一个系统，包括了所有战争概念的词汇与短语。这是雷考夫和约翰逊第二个重要的发现。

举"时间就是金钱"为例:
(1) You are *wasting* my time.
　　(你在浪费我的时间。)
(2) This gadget will *save* you hours.
　　(这个小玩意会省你几个小时。)
(3) I don't *have* the time to *give* you.
　　(我没时间给你。)
(4) How do you *spend* your time these days?
　　(这些天你是怎么打发的?)
(5) That flat tire *cost* me an hour.
　　(换掉那个坏轮胎花了我一个小时。)
(6) I've *invested* a lot of time in her.
　　(我在她身上花了很多时间。)
(7) I don't *have enough* time to *spare* for that.
　　(我没那么多的时间花在那上面。)
(8) You're *running out of* time.
　　(你的时间快没了。)
(9) You need to *budget* your time.
　　(你得计划时间。)
(10) *Put aside* some time for pingpong.
　　 (留出一些时间打打乒乓球。)
(11) Is that *worth* your while?
　　 (那值得你花时间吗?)
(12) Do you *have* time *left*?
　　 (你还有剩余时间吗?)
(13) He's living on *borrowed* time.
　　 (他侥幸活了下来。)
(14) You don't *use* your time *profitably*.
　　 (你用时不经济。)
(15) I *lost* a lot of time when I got sick.
　　 (我病了,失去了很多时间。)
(16) *Thank you for* your time.
　　 (谢谢你花了时间。)

从上述例子,我们可以看到,隐喻不再是修辞学里的喻体与本体的简单对应，比如"丈夫"与"蔬菜"以及"爱人"与"玫瑰"之间的比对，而是整个概念系统的照应。通过"金钱"这个概念系统比照，认识和解释时间这个概念系统。金钱是稀有贵重物品，也是能够交换、投资、节约乃至挥霍的物品，而时间随着时间的推移，变得愈来愈珍贵与稀少。现代工作以天数为计，工资报酬从年薪到月工资到小时薪酬，时间就像金钱那样珍贵稀少，可以节省，可以浪费，可以交换，可以投资，可以拥有，可以失去，可以夺取，也可以赠予。这都是从金钱那里转过来的。所以与金钱相关的整个概念系统照应了时间，金钱概念系统的所有概念以及表达这些概念的词汇系统一起转换到了时间概念系统，帮助我们认识、理解、把握和利用时间。所以我们有了上述例子中的"浪费""节省""花费""留出""投资""盈利""给予""预算""流失"等一系列的概念和表述。

在我们的语言里，类似的隐喻比比皆是，甚至可以这样说，我们的语言也就是由隐喻构成的。我们在第一节里已经讲过，语言与思维相辅相成。由于我们的语言和概念本质上是隐喻性的，这就决定了我们的思维和行为的隐喻性。我们是通过隐喻进行思考和采取行动的，通过"战争"概念的隐喻对比和转换来认知、理解和实施"论辩"，也通过"金钱"概念的隐喻对比和转换来认识、理解和利用时间。

我们的思维活动分两大块："认知外界"和"构建概念"。无论是认知还是概念，都会出现新与旧的问题。我们不断认识新事物，构建新概念。那么，新事物怎样得以认识？新概念如何得以建立？我们通常依靠原有知识基础，认识和理解新事物，在原有概念上建构新的概念。而隐喻担当了新旧事物和新旧概念之间的桥梁作用，它嫁接了新旧事物和新旧概念。借用传统修辞学的术语"本体"和"喻体"，喻体是旧事物，本体是新事物；喻体是旧概念，本体是新概念。我们通过本体与喻体的对比和转换来认识新事物和构建新概念。隐喻是我们认识世界、建立概念的途径。

三、隐喻的相对性

对于我们把握语言与文化的关系，隐喻认知观意义更大的是隐喻的相对性理念。雷考夫与约翰逊在讨论隐喻与概念以及隐喻与认知关系的时候，一再强调隐喻概念的基础是西方文化。他们是研究问题，解释现象，而不是归纳普遍规律，更不是提出客观真理。

《我们赖以生存的隐喻》一书第五章专门论述了隐喻与文化的关联。雷考夫和约翰逊指出，一种文化中的基本价值是和这一文化中最基本的概念是统一的，同隐喻系统也是吻合的。但这并不意味没有矛盾甚至冲突。比如，空间隐喻"up"（上）和"down"（下）分别表示"good"（好）和"bad"（坏）。所以，"More is better"（多多益善）与"More is up"以及"Good is up"吻合。以此类推，bigger（大）、higher（高）等。然而，不是所有的高、大、多都是"高、大、上"。比如：通胀率很高；问题很多；肿块很大；等等。在英语里面，这里的"高""多""大"也是用"up"来表示。如："The inflation is up"（通胀上来了）；"He is tied up with problems"（他手头问题一堆）；"The tumor swelled up"（肿瘤长大了）。雷考夫和约翰逊指出，我们的基本价值虽然在很多方面和很大程度上是一致的，但是同样在很多方面和很大程度上是不一致的，这是产生类似上述矛盾和冲突的根源。雷考夫和约翰逊认为，不同的亚文化在构成价值不同的同时，构成了概念系统以及隐喻系统的矛盾。

实际上，雷考夫和约翰逊这里是在讨论隐喻的相对性。隐喻的相对性是概念相对性所决定的，而概念的相对性又受制于文化价值的相对性。所以，从另外一个方面去看这个问题，隐喻的相对性证实了文化的相对性，包括思维的相对性。文化内部有因人、因事、因物、因地而异的价值观，昨天的时间概念不同于今天的和明天的时间概念，年轻人与老年人的时间观念也会不同，这可以算作主流文化与亚文化的不同。然而不同文化之间的差异也许更大，如法国的时间概念与挪威的时间概念也会不同，东方人和西方人的时间概念以及价值观显然也不会相同。隐喻很显然也跟着不同。

我们就拿雷考夫和约翰逊的两组关于"论战"和"时间就是金钱"的例子来分析说明隐喻的相对性。关于"论战"的例句中的第一句是"Your claims are *indefensible*"（你的断言是站不住脚的）。英文"indefensible"一词是词根"defense"（保卫）加上后缀"-ible"（能）和前缀"in-"派生而来，"保卫"这个概念很显然是战争概念体系中的一员。但是，汉语翻译"站不住脚"似乎与战争不是很搭得上界。当然，我们可以把句子翻译成与战争关系紧密一些的汉语，如"你的断言是难于捍卫的""你很难保卫你的断言""你的断言经不起攻击"等。这些句子体现了"论战"，但是按汉语习惯，不是好的表达，即便最后一句听起来还可以，我们还是会更接受"你的断言经不起推敲"或者"你的断言很难站住脚"等。"站得住脚"也是一个隐喻，很难和战争扯上边。这一例子所引起的不仅仅是翻译的困扰，而且是理解两种文化的差异的必要。

"hit the target"这一隐喻也是这样，把它直接译成"击中目标"，总是觉得不如"击中要害"更加达意。汉语文化中有"打蛇要打七寸""擒贼先擒王"等价值和概念。不妨也可把这一句子译成"他的批评正中七寸"。希腊文化里有"阿喀琉斯的脚踵"（Achilles' heel）传说。把它翻译成希腊文，恐怕要使用这一隐喻，才显得更为贴切。因为，在这里"七寸""贼首""脚踵"都是"要害"，与英文句子中要表达的"target"意义相同，所不同的是由于文化价值和概念隐喻的不同而已。

"shoot!"这一隐喻就更加有意思。按原意直译为"你不同意？那好，开枪吧！"，或"你不同意，那好，开火吧！"，或"你不同意？那好，开炮吧！"。总感到不如"放马过来吧！"更加符合汉语表达习惯。其实这不是语用习惯的问题，而是文化概念的问题。想象一下中国古代马战的情景，就可以理解这一点：两军交战，将领率先，叫阵完毕，拍马上前，比武定胜负。西方火枪历史较长，"shoot"（开枪、开火）更多，也许还同西方人用决斗解决意见分歧的习俗有关。隐喻"shoot down"也是，"击落我所有论点"不如"攻破我所有论点"。这里"shoot down"应该不是"弯弓射大鸟"，而应该是"击落"飞机等。"击落飞机"与"攻破城池"都是有关战争的隐喻，不同的则是概念和文化。

再看"时间就是金钱"。有意思的例句有（4）、（5）、（6）、（7）、（9）、（13）、（14）。句（4）、（5）、（6）、（7）的汉语翻译都用了"花"，而英语分别是"spend""cost""invest"和"spare"。虽然把它们译成"花"（即"花费"）符合汉语习惯，容易被接受，但似乎没能把四个英语词表达得十分到位。这四个词都能和钱搭配紧密，如"spend money""cost money""invest money"和"spare money"，直译成汉语"花钱""费钱""用钱投资"和"省出钱来"等。用时间替代钱："花时间""费时""用时间投资"和"省出时间"。单独看，除"用时间投资"觉得别扭之外，其他都能够接受，但放到具体句子里面，就不如用"花"更好。这也许同英语国家现代金融文化比中国更为发达有关。最后三个隐喻同样如此，直译"budget"为"预算"，"borrowed time"为"（你现在活着的时间是)借来的时间",以及"profitably"为"(你用时不)赚钱/(没)利润",显得别扭。

关于时间的隐喻,除开金钱之外,还有许多能够说明文化相对性的例子。比如,英文"Time flies"表示"时间飞快地过去",而汉语喜好说"日月如梭,光阴似箭"。我们把时速概念的参照物选定在织布时的"穿梭"和打仗或狩猎时的"射箭"。而且,汉语传统的时间概念本身与日落月出、黑夜与白天交替联系在一起。这样也就形成了与英文不同的隐喻概念和隐喻表达。

第三节 语言生态学

"语言生态学"是一门新兴学科,源头可以追溯到克洛伯、伊梅尼奥以及海姆斯等著名人类学家和语言学家的研究。20世纪70年代初美国哈佛大学语言学教授豪根首次系统提出语言生态学,至今已有四十多年的历史。语言生态学是一门交叉学科,内涵丰富,外延广泛,主要研究语言与文明的关系。了解这门学科有助于我们进一步准确认识和把握语言与文化的相互关系和作用。

一、学科起源

率先使用"语言生态"这一术语的是沃吉林等人,他们把这一体现语言与外界错综复杂关系的"语言环境"视作"语言生态",这是语言生态学的源头和前身。

语言生态学的发展与人类语言衰亡联系紧密。如第三讲中所讨论的,语言衰亡历史已相当长,但最近全球化进程加速,语言衰亡加速。联合国前秘书长加利指出:"当今世界,每两个星期就会有一种语言消失……"语言学家克里斯托也认为,世界现有的语言中只有10%暂时还处在"安全"状态,到21世纪末,剩下的语言只有少数几种。美国暑期语言研究所的最新资料证实了这一说法。

语言的大面积衰亡一次又一次向我们敲响了警钟,就像生物种类的不断减少一样,语言种类消失对人类文明可持续发展也构成巨大危害。这一问题的理论探讨自然就落到了语言生态学的肩上。

语言生态学与语言相对论密切相关。语言相对论是语言生态学的理论基础和源泉。早在20世纪初，布厄斯、萨丕尔以及沃尔夫等人，密切关注了美洲原住民语言的衰亡，这些人类学家和语言学家深入到美洲原住民的部落，做了大量的资料收集工作，为研究那些现已灭绝的北美原住民语言积累了珍贵的原始资料。他们在收集、记载、研究濒临灭亡的原住民语言的过程中形成和发展了系统的"语言相对论"思想。他们肯定语言的多样性，说明语言多样性影响并导致文化的多样化关系，从理论上阐述语言多样化的合理性。克洛伯以北美原住民为研究对象，提出"文化区域"和"自然区域"的理念；伊梅尼奥在研究印度诸语言时，提出了"语言区域"思想；海姆斯以民族学角度研究语言接触的规律和特征；沃吉林等人也是如此，在亚利桑那这一文化区域中研究原住民语言的环境。他们肯定语言多样性，包括文化多样性，提倡不同语言文化的合理共存，构建有利于各种语言与文化的生态。

二、学科内涵

语言生态学创始人豪根是美籍挪威人，父母在他出生前七年移居美国。豪根亲身感受了斯堪的纳维亚语言与英语接触所遭受的不平等。他担任过美国语言学会主席以及美国多所著名大学，包括哈佛大学的语言学教授。豪根开始研究的是美国的移民语言，这使他能够从较为宏观的角度观察语言接触的本质和特征，帮助他系统地提出了语言生态学的理论。

豪根借用了"生态"这一隐喻，提出：语言生态学是研究相关语言与环境之间相互作用的学问。豪根的"环境"，是语言的社会文化大背景，是使用语言的社会。语言存在于人们的大脑里，所以有一个心理学意义上语言生态；语言存在于说话人所处的社会，又有一个社会学意义上的语言生态。前者指双语者或多语者大脑中语言间的相互作用；后者指语言同社会之间的互相作用。豪根认为，语言生态的决定因素是学习、使用、传承语言的人。

"生态"这一术语属于生物学用语。19世纪语言研究领域受到达尔文主义影响，普遍将语言比作有生命的物体，有诞生、老化，直至死亡的生命周期。豪根借用了这一比喻，认为"只要把语言当作人类的行为来看，语言就拥有了生命、目的以及形态"。他说，生物学家研究植物、动物与整个环境之间的相互作用，将此称为"生态"；社会学家研究人类与他们的整个生存环境之间的相互作用，将此称为

"人类生态"。那么，研究语言与语言环境之间的相互作用，也可以称此为"语言生态"。

语言生态学研究语言与环境间的相互作用，其内容不仅包括语言变化、语言接触、双语现象、语言标准化等，而且还包括语言政策、语言规划、语言维护等一系列语言与使用者之间相互关系的社会科学。

三、学科外延

语言生态学刚提出之时，响应者不多，继续深入研究的语言学家寥寥无几。但是，当有部分人注意到生态语言学可以指导研究语言的衰亡时，转机出现了。澳大利亚语言学家穆勒斯勒起到了比较重要的作用，他主要从事语言维护、语言规划、皮钦语、克里奥语以及太平洋地区语言研究，学术背景与豪根相似。他能够深刻理解豪根的语言生态学观点，同时也能批判地继承和发展这门学科。

穆勒斯勒语言生态观主要体现于他的代表作《语言生态学：太平洋地区的语言变化与语言帝国主义》。他是澳大利亚阿德莱德大学的语言学教授，长期从事太平洋地区的语言研究，对这一地区的语言变化情况十分了解，分析研究得出结论：语言变化的真正原因是历史与文化，相关各种因素总和就是语言的生态。

与豪根不太相同的地方是，穆勒斯勒把研究重点从语言种类问题转向人类社会交流本身，从语言变化的事件或因素转向语言变化的过程。他认为，"语言多样性"是关键。这不仅是数量问题，而且是关系问题。语言之间的关系取决于我们的态度。语言进化论思想把语言多样性看成落后的象征，认为，语言多样性是人们不愿交流、与世隔绝、不善合作的表现；并且认为，有些语言进化先进，有些语言进化缓慢，有些语言成为先进的语言，有些语言成为落后的语言。相反，语言统一是人类社会广泛交流、合作团结的结果，也是交流与合作的必备条件，语言统一势在必行。在语言统一的过程中，落后的语言让位于先进的语言，这符合发展规律与需要。从历史和现状来看，这是我们对语言的一种比较普遍的态度，上至达官贵人，下至平民百姓，几乎大家都这么想。所以，大到语言政策制定，小到家庭语言选择，多多少少受到这一思想的影响。穆勒斯勒认为，这恰恰就是太平洋地区乃至世界范围内语言生态危机的主要原因。

第五讲　语言与文化

穆勒斯勒指出，近两百多年来欧洲帝国对外扩张与殖民行径给语言生态构成了灾难性破坏。语言多样性的消失并不是自然结果，而是历史造成，即人为所致。穆勒斯勒接受了菲利普森的"语言帝国主义"理论，把它融入了语言生态学理论框架中，并且指出，其定义还须包括"入侵性语言"这一概念。他认为入侵性语言不止英语一种。他指出，外来语言的入侵改变了太平洋地区的语言生态，致使那一地区的语言多样性大幅度急剧衰落，众多原住民语言让位于少数几种外来的强势语言，并从此走上几乎不可逆转的衰亡之路。

日本名古屋大学国际发展研究生院国际交流系教授津田幸男注意到了世界范围内语言接触不平等现象。他是当今语言学界反对"语言霸权"、提倡语言生态平衡比较活跃的学者之一，长期从事语言交际中不平等现象的探讨和剖析，对英语在世界范围内的广泛传播及其对其他语言与文化所构成的影响提出质疑和批判。丹麦语言学家斯库特纳博—康格斯称他为"英语语言帝国主义尖锐的批判家"。

津田幸男在代表作《英语语言霸权与语言多元策略——提倡语言生态学范式》一文中，分析批判了英语语言霸权，陈述了他的语言生态学思想。他指出：英语已经成为世界上传播最广泛、运用最普遍、势力最强大的语言。全世界说英语的人口超过15亿，六十多个国家的官方语言是英语，科技领域主要用语是英语，全球80%左右的学术出版物是英文，大多数国际组织事实上的官方或工作语言也是英语，而且英语还是世界上教学最广泛的外语。他认为，英语在世界范围构成的语言强势实际上是另一种霸权——一种语言霸权，英语的传播已经成为"新殖民主义"。这一霸权不仅构成国际交流的不平等和语言歧视的蔓延，将非英语国家人们推至不利的境地，使他们因不说英语或英语能力较弱而遭受歧视，而且影响甚至控制了世界上非英语人群生活的许多方面，奴役他们的思想，培植非英语人群对英语语言、文化，甚至英美人士的语言、文化的心理依赖。这是对非英语语言和文化的严重威胁。他认为，英语语言霸权本质上是殖民主义在新的历史条件下的不同表现，是全球范围内语言文化"英美化"的特征。津田幸男把它称为伴随经济贸易全球化同行的"全球主义"。全球主义是以英语语言文化为核心的新的国际关系，同时又是英美文明同化其他语言文化、控制世界意识形态、垄断国际政治经济、最大限度地扩大其物质利益和发展空间的过程。这是人类文明的畸形发展，不仅对其他非英语语言文化构成伤害，而且对人类文明可持续发展构成危险。津田幸男提倡语言生态学范式，并以此应对这种威胁，遏制英语语言霸权，维护语言多元局面，确保非英语语言文化的生存，乃至整个人类文明的健康发展。

全球主义是建立在语言同化、文化单元、意识统一等相关理论基础之上的，其中最重要的思想是，语言是一种交流工具。他认为，提倡语言生态学，首先必须打破"语言工具论"的束缚，确立"语言是文化，语言是人们认同的源泉"的思想。他说，语言不仅仅是人们交流的工具，而且是人们生存不可或缺的环境，甚至可以认为"语言就是人，人就是语言"，因此"语言的不平等就是人的不平等；语言的灭亡就是说该语言的人们的灭亡"。在这个基础上，津田幸男指出，语言生态学提倡语言权利和交流平等、语言文化多元，促进和维护非英语语言文化的安全和发展。

语言权利是指任何个人在任何情况下自由选择认同、使用某种语言的权利，这是一项基本的人权。这是津田幸男从斯库特纳博—康格斯等人那里借用过来的语言人权思想，其核心是对母语的认同和使用，因为世界上许多地方存在的母语由于种种原因被排斥在边缘地带，被人遗忘直至灭亡。语言人权思想认为，这是语言人权的剥夺。语言人权的剥夺是导致语言接触不平等、世界语言格局单一趋势（即语言生态失衡）的根源。

平等交流的前提是语言的平等。为实现语言及其交流的平等，应该打破英语一统国际交流的局面，比如在法国召开的国际会议，工作语言理当是法语；在中国召开，那么汉语应是工作语言。津田幸男将此称为"语言地方主义"。通过倡导语言地方主义，不仅能够保障语言及其交流间的平等，而且为不同语言文化之间的交流和理解甚至国际外语教学开拓了极为广泛的前景。当然，维护国际交流的平等本质上是为了维护人与人之间的平等关系。

津田幸男的语言生态学观吸纳了"语言多样主义"和"文化多元主义"两个思想，用以提倡语言文化多元，维护语言生态平衡，遏制语言文化的单元化趋势。过去的历史显示：由于片面追求交流的效益，出现了以语言标准化为核心的语言单元化，导致语言等级和语言歧视的强化。当下的全球化正朝这个方向发展，已经形成的以英语为核心的语言文化单元化趋势正在构建一个以英语以及英美文化占居统治地位的"全球阶级社会",致使世界民主、自由、平等无法得到保障。因此,津田幸男认为,提倡语言文化多元不仅仅是应对全球化进程中的语言文化的单元化趋势,遏制英语语言霸权的蔓延,维护语言生态的平衡,更重要的是确保国际交流的民主和平等。这是语言生态学除语言本身之外更为重大的关怀。所以,津田幸男所说的语言生态实际上就是文化生态。

总结上述讨论,我们可以看到,语言生态学是一门研究语言与语言之间、语言与社会关系的学科,关注的不仅是语言本身,而且是人类社会的发展。从理论上看,生态语言学突破了以结构主义为核心的传统语言学,在语言的定义、语言的功能、语言的关系以及语言研究方法等诸多方面对传统语言学提出了挑战,展示了语言及其研究新的观点与意义。从实践层面看,语言生态学能够帮助人们进一步认识语言的本质与特征,理解语言的功能与作用,从而修正语言态度,完善语言规划与政策,更为科学合理地认识和处理语言与语言、语言与社会、语言与文化、语言与国家民族以及语言与人类文明可持续发展之间的关系。

思考题

1. 如何理解和把握语言、思维和文化三者之间的关系?
2. 语言相对论有哪两种形式?它们的主要区别时什么?
3. 传统意义上的"隐喻"和认知学意义上的"隐喻"主要区别在哪里?
4. 隐喻为什么是相对的,而不是绝对的?
5. 语言生态学的主要观点有哪些?

推荐阅读

Gumperz, J. J. and S. Levinson (eds.). 1996. *Rethinking Linguistic Relativity*. Cambridge: Cambridge University Press.

Kramsch, C. 1998. *Language and Culture*. Oxford: Oxford University Press.

Lakoff, G. and M. Johnson. 2003/1980. *Metaphors We Live By*. Chicago: The University of Chicago Press.

Mühlhäusler, P. (eds.). 2001. *The Ecolinguistics Reader: Language, Ecology and Environment*. London and New York: Continuum.

罗常培，胡双宝，2009，《语言与文化》（注释本），北京：北京大学出版社。

第六讲 语言与认同

传统的语言学认为,语言是一个符号系统,是我们用来进行交流的工具。社会语言学认为,除符号系统和交流特性以外,语言还有"身份认同"的特性。我们用说话来表达意思,也表示身份,确定地位。表达意思十分重要,确定身份也很重要,这就是社会语言学教科书经常提到的"认同"。

第一节 文化与认同

一、什么叫认同?

先说一下什么叫做"认同"。汉语中的认同或者身份认同是英文"identity"的翻译。英文"identity"一词有几个意义:身份、本身、本体;同一人、同一物;同一(性)、相同、一致、相同性、一致处;个性、特性;等等。从词源看,英语"identity"一词源自拉丁语"idem",意思是"一致",但是它的意义并不局限于"同质",也包含"异质",同时还包括趋同的过程。

"认同"是一种心理现象,与人们心目中的"自形""自尊"和"自我"有关。维因利奇指出:一个人的认同是指他对自己身份的说明,包括当今、过去、将来身份的表达。比如,一个人的族裔认同是指他对既往、当前以及将来的族裔归属的说明与表达。

认同是个体向群体靠拢的过程。我们有父母、亲属、朋友、同学、同事等,他们是我们生活的群体,对我们的生活影响巨大,是他们为我们提供了一个"环境"。我们生活在这个环境里,模仿他们的行为举止,学习他们的风俗习惯,成为他们中间的一员。这个过程就叫做"认同"。当我们成为他们中间的一员的时候,我们也就"获得了某种标记"。我们成了中国人或美国人,成了北京人或上海人,成了浦西人或浦东人,成了南汇人或周浦人,成了北大人或南大人,等等。

文化环境有正面和负面两种。我们向往的环境是正面的；我们排斥的环境是负面的。正面环境使我们与它融合，负面环境使我们与它疏远。我们所出生的环境，是正面的环境，我们长大成人，学会做人做事，我们的言行举止、道德规范来自我们生长的环境，我们的行为举止和道德规范带有我们成长环境的标记。

当我们离开原来所熟悉的环境，进入另一种陌生的环境时，陌生的环境是负面的。我们在原来的环境中已经有了"认同"，要在新的环境中再一次"认同"，就要选择保留或去除原来的认同，至少要修改原来的认同。中国改革开放以来，大量农民工从乡村来到都市，城市文化环境是陌生的。他们的行为举止、思维方式以及语言表达等明显标志着他们原来的认同，是乡村里的行为习俗和语言表达。他们用自己的方式和途径认识、理解和判断周边的人物事件。来到都市，新的都市文化的认同与他们熟悉的乡村认同不同。他们有的坚持自己的乡村认同，排斥和背离都市文化；有的积极向都市认同靠拢，放弃乡村认同。坚持乡村认同的坚持不断地显示乡村特质，与都市特征形成明显的"差异"；积极靠拢都市文化的，乡村特质不断地减少，都市特质不断增加，直到"一致"。在新的环境里，坚持乡村认同，保持异质，叫做"消极认同"；放弃乡村认同，与都市特质保持一致，叫做"积极认同"。

当然，放弃乡村认同，接受都市认同没有脱胎换骨那样彻底。乡村认同和都市认同之间还有不少相同或相似的地方，所以，所谓与都市认同一致，实际上是对乡村特质进行修改。如果我们从偏远的山沟里走出来，到美国或欧洲的某一个大城市里生活或工作，我们碰到的认同选择问题就没有那么简单。不同文化的接触、矛盾以及冲突就更大。当今世界，交通发达，交流便捷，交往频繁，不同文化的接触与冲突导致不同认同的接触与冲突，这种现象已经司空见惯。

二、社会文化认同

认同本质上是文化的认同，静态的身份特质是"文化"的表象，动态的认同过程是"文化"的过程，我们从出生时的动物人变成长大以后的社会人，整个过程是"文化"的过程。我们学会了父母亲所说的话，并通过父母以及周边的亲属、朋友、同学、邻居等学会了怎样做事，怎样为人，怎样认识和判别世界等。这是一个漫长的过程，我们逐渐获得了认同特征或身份特征。

认同过程有两个关键要素：一个是"我们"本身；另一个是我们所处的"社会"。我们首先得有"个体认同"，获得我们特有的特征，构成我们本身。然后，我们的认同是有方向的，这就是"社会认同"。我们的个体特征终归会汇入社会特征，就像江河入海一样。因为我们个体的认同是建立在社会认同基础上的，是以群体作为参照与目标的。群体的观念就是我们的观念，群体的规范就是我们的规范，群体的习俗就是我们的习俗。当然，我们也会有些创新，构建不同于群体主流的特征，也就是"消极认同"，但是对群体认同而言，影响不会很大。

关于社会文化认同，有许多研究，比如，艾力克逊通过对认同的同异矛盾，论述认同的社会文化特征。他认为，所有认同的辨识只能在参照其他相异认同基础上方能得以实现。各个国家的认同，都是相对其他国家的认同而存在，并且得以解释。英国的认同在与法国的认同比较中得以识别。民族认同也是这样。当我们对苏格兰、英格兰或威尔士特征进行比较以后才能认识什么是苏格兰认同，什么是英格兰认同，什么是威尔士认同。同样，因为有了异性恋的参照，才有的了同性恋的识别。

泰菲尔等人为社会认同理论确定了几个互为因果的基本概念，他们认为，处在社会化整个过程中的我们，从一开始就在探索我们自己以及其他人的社会群体归属。我们要么属于同一个群体，成为"圈内"人；要么属于另外一个群体，成为"圈外"人。我们成为圈内人，就要认识和体现圈里的特征，包括价值观念、道德规范、行为准则等，这就叫做"社会认同"（social identity）。我们认知和体现圈内认同特征的同时，通常会忽视甚至歧视其他群体的认同特征，这就是所谓的"圈内中心主义行为"，目的是维护与体现个体所认同的群体与其他群体之间鲜明的差别，这是"积极认同"的表现。

斯库特纳博—康格斯认为，认同既有"共时"特征，又有"历时"特征。我们的认同是与圈内其他成员共同分享、共同遵循的社会文化特征，这叫做"共时特征"；我们的认同有过去、现在和将来，同时随着时间的推移而不断变化，随社会文化的变化而变化，这叫做"历时特征"。她还提出了认同的多样性，指出，我们可以同时有多重认同，比如，女性、社会主义者、生态农场主、世界公民、母亲、女儿、妻子、姊妹、研究工作者、芬兰人、斯堪的纳维亚人、巫婆、通神使者、自然与音乐爱好者等。我们同时可以是同性、同代、同族、同一区域、同一信仰、同一职业等群体的成员。而且有的时候，我们可以同时认同若干个不同的职业、区域、信仰以及组织，比如，双语或多语人群的认同实际上是多族裔认同。通常情况下，多重认同是不知不觉的，个体在不同的情境中，突出或聚焦于某一认同，忽略或收起其他一些认同。我们有多重认同，是因为我们有多重的社会角色。在不同的社会场合，不同的社会角色要求我们呈现其认同特征。换句话说，在家是妻子和母亲，就得像妻子和母亲；在工作单位是教师或研究人员，就得按教师或研究人员的道德规范、价值观念、行为准则为人处世。

认同的多元化是我们社会活动变化的结果，是社会文化发展的产物。随着我们社会活动的千变万化，尤其是现代社会迅速而巨大的发展，社会角色变得复杂，社会文化变得多样，我们的认同跟随时代的变化而复杂多样。

三、语言认同

斯库特纳博—康格斯说过，人们之所以有不同的认同，主要是由于他们有不同的语言。语言是文化的载体，也是认同的载体。语言既是认同的标记，又是认同实现的途径。雷考克在讨论太平洋地区语言时说道：西南太平洋美拉尼西亚群岛有很多种语言，当地的人们按这些不同语言组成不同的群体，与此同时，他们通过语言与其他群体保持距离。说同样语言的人可能是群体成员或朋友，也可能不是成员或朋友。可见，语言一方面作为群体成员之间的交流媒体，另一方面作为区分"圈内""圈外"的工具。

多种多样的语言用作群体成员内部交流的工具，同时被用作区分群体成员的手段，这是由语言使用的功能所决定的。用韩礼德的观点看，语言有表意功能，即传递意义和信息，还有人际功能，即维护人际关系。我们使用语言，不光是为了传递信息，还要表达另外两个重要的意义：一是我们是谁；二是我们在与谁说话。语言还会帮助我们表达自己是什么样的人和彼此之间的关系，并且确定、调整和维护我们彼此的关系。这就是语言的社会功能。

认同通过语言得以实现，"双语并存""多语并存"和"语码转换"是关键。这里的"双语并存"和"多语并存"指的是语言格局——双语和多语共同使用的状态。它们是实现社会认同的具体方式和途径。

尽管在传统的欧美语言学家眼里，多语并存是一种奇怪的现象，在实际的语言生活中，多语并存与并用是一种常态。世界上几乎没有任何国家是一个单语的国家——冰岛可以被算作是唯一的例外，但是，随着近期以来交流的发展，也有不少语言进入了这个国家，所以严格意义上说，它不再是一个单语国家。即便拥有很少几种语言的国家也不多，大多数国家都有许多种语言，比如，中国有100多种语言，美国有300多种语言。英国本土面积不大，人口也只有6,200多万，但是语言格局并不简单，就本土语言就有13种，外来语言近200种。世界上语言最多的国家要数南太平洋西部岛国巴布亚新几内亚，面积不过46万平方公里，人口只有773万，但是语言超过850种。

多种语言的存在和作用构成不同的认同而使得民族文化多姿多彩。一门语言，一个群体，一种认同；多种语言，多种认同。一种认同，体现一种文化；多种认同，形成多种文化，这是我们人类社会文化多样性的缘由所在。但是，在这纷繁复杂的大千世界里，不同的认同与文化之间并不存在截然分开的鸿沟。相反，不同的语言、不同的认同、不同的文化不仅接触频繁，而且交融俱进。随着现代社会交流与沟通的广泛与深入，不同语言、认同、文化的并存与交错显得愈加正常。

多语或双语社会的成员能够说两种或多种语言，这并不是一种特殊的能力，而是生存需要，是多语言社会成员生存的一种基本技能和必须具备的条件。他们就像出生以后学会吃饭、走路一样，习得了各种常用的语言，同时又学会了在什么时候用哪一种语言的常识。比如，一个出生在新加坡的华裔孩子，学校里与老师交流用标准的英语，与同班同学在一般场合交流用新加坡英语，与华裔同学交流用汉语普通话，回到家里与父母亲交谈用客家话或闽南语，碰到马来裔的同学可能会说马来语，遇见印度裔的同学可能说泰米尔语或印地语，到露天市场买菜可能还会说各种语言杂糅而成的皮钦语。这些语言的习得是在孩子社会化过程中完成的，有的可能是自觉的，更多的情况下是不自觉的，也就是说，他们的多语言能力是没有经过刻意学习而自然形成的，这是因为他们的生存需要具备多语言的能力。

有意思的是，这位孩子脑子里储存了各种各样的语言，逢到使用时，就像在工具箱里迅速地找出相应的工具一样，在诸多语言门类里选择其中一种与他人交流。这一"兵来将挡，水来土掩"的方略就是社会语言学里面经常提及的重要概念——语码转换。语码指的是语言变体，语言变体可以是词汇，如用于不同文体的同义词汇，也可以是句子层面或篇章层面的变体，当然，不同的语言是语种层面上的变体。很显然，新加坡华裔孩子的语码指的是语言，即从一种语言转换到另一种语言。社会语言学家认为，语言转换的关键是"语境"，不同的语境促使说话人选用不同语码。而实际上语境的具体内涵是认同。某位孩子与印度裔同学交流，用泰米尔语或印地语，首先因为他的同学说泰米尔语或印地语，这两种分别是他同学的认同标志，说两种语言，表示对同学认同标志的认同，即表示"咱俩是朋友"，同属圈内人。

多种语言的习得和使用能力的获得通常是在不自觉的情况下完成的，语码转换通常也是在自然情况下不知不觉地完成的。语码转换能力就是使用多语的能力。这种能力是多语社会个体成员社会化的基本内容之一。在什么时候用什么样的语言是特定社会的社会文化规范，社会个体成员按照规则转换语码，一方面认同他所在的社会的文化规范，另一方面认同对方的认同标志。

第二节 性别与认同

一、性别与语言

关于男女性别的争论由来已久，男女是否有别，说法不一。女性似乎要比男性具有更多的脂肪、更少的肌肉，因此男性要比女性强壮有力；女性成熟要比男性快些，但平均寿命要比男性长些；女性相对比较细腻、感伤，甚至脆弱，男性一般会比较粗犷和刚强。当然，这些差异都是相对的，而且随时都能找到反例，例如：女性运动员要比一般男性强壮得多；战争年代成长起来的女性要比生长在和平年代的男性刚强得多；艰苦条件里生活的女性可能会比优越环境里长大的男性更加吃苦耐劳。男女区别，无论是生理还是心理的，都是相对的，都是由环境所决定的，并不是天生的。

从共时角度看，人们所处的不同环境构成了男女之间的相对差异；但是从历时角度看，不同的环境构成了男女性别的绝对差异，如声带和发音器官的差异等。当人类社会进入父系社会，除个别社会外，女性的地位从主导走向从属。女性的从属地位使得女性不再需要统治天下、担当大事的能力和毅力。相反，她们在男人当道的世界里退至边缘，或被呵护，或遭受统治和压迫。母系社会女性与男性同样具备的茹毛饮血的刚性健体逐渐被温文柔弱所替代。因此，有人认为，性别差异是社会化的产物，即便男性寿命短于女性，也有社会因素在起作用，女性寿命比男性长，是因为她们所担当的社会角色和从事的工作强度要比男性的弱。

同样，男女语言的差异也是由社会文化传统所决定的。和性别差异一样，语言的性别差异也是相对的。语言学家经常使用的典型例子是加勒比海小安的列斯群岛上原住居民加勒比人所用的语言。那里的男人和女人使用不同的语言，是由早期的一次部落征服所造成的。说加勒比话的加勒比男人把附近部落说阿拉瓦克语的男人全部杀光之后，娶了说阿拉瓦克语的女人为妻。于是，男人说加勒比语，女人说阿拉瓦克语，后代从父亲那里习得加勒比语，从母亲那里习得阿拉瓦克语。语言学家就把加勒比语说成是这个部落的男性语言，阿拉瓦克语为女性语言。经过若干年的接触和交流，两种语言融合成一种语言，但是保留了某些男性和女性的特征，比如使用抽象名词时女性和男性的区别。

我们周围也有比较典型的例子，比如日语。日语的各个层面，从词汇到句式都有女性语言与男性语言区分，使用语言时，日本人不会忘记这些差异。同样的命名、同样的表达，男性会用男性的词汇和句式，女性则用女性的词汇与句式，不会混淆。

起源于我国湖南省永州市江永县的女书是目前世界上唯一的女性文字，虽然文字与语言具有本质区别，但是这不能不算是汉语中最具男女性别差异的特例。因为，一方面，它既不是当地流行的汉语西南官话，也不是瑶语，而是当地固有的汉语方言，叫做土话，这是它的基础；另一方面，女书的使用者是汉族妇女，即当地一些放弃瑶语只用汉语的平地瑶妇女使用。女书靠母亲传给女儿，老太太传给小姑娘的自然方式，一代代传承下来。

语言的性别差异在语言的各个层面都有体现，比如在一种美国原住民语言中，男性说的"面包"（djatsa）和女性说的"面包"（kjatas）主要区别在于发音部位的差异，前者为"颚齿破擦音"，后者为"软颚破擦音"。西伯利亚有一种叫做楚克奇的语言，男性通常漏掉元音中间的/n/和/t/这两个音而不把它们发出来，女性从来不会漏掉它们。苏格兰女孩会把"water"或"got"等词中的/t/清晰地发出来，男孩子却常常会把它们漏掉不发。美国路易斯安那州有一种叫做库撒提的原住民语言提供了一个形态学性别差异的例子：男性使用动词，通常会在动词后面加上"s"，比如"lakáw"（他在把它提起来），库撒提男人会说"lakáws"，而女人则说"lakáw"。

男女性别差异在我们熟悉的语言中也能观察到，比如英语。同一社会背景的男性和女性，说话会有区别。女性通常会比男性更多地使用标准英语，而男性更多地使用不太标准的英语；女性通常会比男性更多地使用夸张、委婉、亲昵的言语，而男性则更加喜欢直截了当、粗俗甚至社会所禁忌的言语。

二、性别歧视语言

语言学家确定女性语言是按男性所用语言作为标准，就像女性本质的确定是以男性的行为本质作为标准一样。这对女性而言，是不公平的。但是，对女性更不公平的是，语言中有专门歧视女性的语言表达。此类表达被称为"性别歧视语言"。

性别歧视语言在许多语言中都有，比如英语中有一部分词汇和用法十分清晰地表达了对女性的歧视。英语泛指人的时候，通常用"man"而不用"woman"；用代词"he"而不用"she"；人类是"human"，中间是一个"man"而不是"woman"；主席"chairman"，而不是"chairwoman"。还有的地方在表达女性从事某项工作时，须加上"woman"一词，加以修饰和确定，如女工程师"woman engineer"、女医生"woman doctor"、女法官"lady judge"、女主席"madam chairman"等，似乎是工程师、医生、法官、主席都是男性才能当的，而女性当上了这些职务是例外，须加特别说明。

英语中还有一类专门鄙视女性的词，比如，"effeminate"（贬义，指男性女性化）、"emasculate"（贬义，指女性男性化）、"hen-pecked"（贬义，害怕妻子的男人）等，都有鄙视女性的含义在里面。另外还有专门以女性名词命名的让我们感到不适的负面事物，如害虫、灾难等，例如"black widow spider"（黑寡妇球腹蛛，一种产于美洲的黑色有毒小蜘蛛）、"Black Maria"（运送囚犯的警车）、"Iron Maiden"（铁女架，旧时一种外似女子形状、内置尖钉的刑具）、"Venus fly trap"（捕蝇草，高效杀手）、"Hurricane Betsy"（飓风"佩西"）等。世界上每年都会发生许多飓风和台风，长期以来，人们几乎都用女性名字加以命名，比如2005年7月17日淹没美国新奥尔良造成四千多人死亡的飓风被命名为"卡特里娜飓风"。直到近期，飓风的命名才逐渐出现男性的名字，比如2015年大西洋飓风共有12起，其中有5起飓风是以男性名字命名的，如"热带风暴比尔""一级飓风弗雷德"和"三级飓风丹尼"等，但其余仍旧都是女性名字。

汉语的文字是象形文字，许多字带有女性的标记，比如女字旁。带有女字旁的汉字超过一百个，在这一百多个汉字里面，除去一些中性词之外，许多是贬义词或歧视妇女的词，比如奴、妾、奸、妒、妓、妖、婊、嫖、姘、娈、娼、婬、媚、魄、嫉、嫌、媾、嫋、媸、嬉、耍、嬾、娈等。有趣的是，这里面的一些字是古体字，如"嬾"，即现在的"懒"，又如"婬"，即现代的"淫"。最有意思的是，现代汉语"奸"字的古汉字为"姦"。从这些文字可以看出，似乎嬉耍、懒散、嫉妒、娈妾，以及奸、淫、姘、嫖等负面的东西，都是女性的事，同男性一点关系都没有。

汉语也有丰富的性别歧视词汇，比如，"考妣"的"考"指父，"妣"指母。考的意思是"成"的意思，男人一生德行有成；而妣的意思是"匹配"的意思，女人是男人的配角。丈夫给妻子的名称也充斥着性别歧视，如：拙荆、寒荆、山荆、执帚、堂客、贱内、糟糠、敞房、浑家、烧火的、做饭的、黄脸婆等。辱骂女性的词汇更是如此，比如：泼妇、荡妇、破鞋、八婆、祸水、婊子、母老虎、母夜叉、臭三八、狐狸精、长舌妇等，而辱骂男性的词汇就没那么丰富。

汉语成语里有更多性别歧视的例子，比如鄙视女性的有"红颜祸水""牝鸡司晨""叶瘦花残""人老珠黄""浪蕊浮花""闲花野草""倡条冶叶""路柳墙花"等；束缚女性的有"从一而终""烈女不更二夫""德言容功""九烈三贞""三从四德""女子无才便是德"等；直接表示性别歧视的有"男尊女卑""重男轻女""女大不中留""夫唱妇随""夫贵妻荣""男娶女嫁"等。这些性别歧视语言不仅意思十分清晰，而且形式也是男尊女卑，即使是表示辱骂的成语，男性还是放在前面，如"男盗女娼"。

在汉语的称谓系统中，性别歧视也很明显。比如，父系和母系称呼有"内""外"之分，父亲的父母被称为"祖父母"，母亲的父母被称为"外祖父母";同样,祖父母称呼晚辈,父系的称为"孙子、孙女",母系的称为"外甥和外甥女"。另外,妻子的兄弟的儿女被称为"内侄、内侄女",而妻子姐妹的儿女则被称为"外甥、外甥女"。与此相似的是"堂"与"表"的区别,"堂"指"内","表"指"外"。堂房兄弟姊妹指的是父亲兄弟姊妹所生的儿女,表房兄弟姐妹指的是母亲兄弟姐妹所生的儿女。

除此之外,还有一种饶有趣味的现象,即用男性的称谓称呼女性,以示尊重,比如,用"先生"称呼女士,尤其是那些知识渊博、德行有成的成功女士,如宋庆龄先生。有些知识分子尊重女性,也习惯用称呼男性的称谓称呼女性,以示平等与尊重,比如,鲁迅称呼许广平为"广平兄"。从表面看,这是尊重女性,但语言形式却是尊重男性的称呼,也就是说,尊重女性还得用男性称呼,这至少说明女性尊称的缺位。

三、性别的语言认同

男女性别的标记是多样的,比如服饰,包括服装和其他一些穿戴的饰品(如首饰等)。不同的服装款式和花样颜色以及不同的首饰穿戴表示不同的性别认同。一般来说,服装首饰性别差异明显。男性穿某种衣服、戴某种饰品是对男性性别的认同;女性穿某种衣服、戴某种饰品是对女性性别的认同。男性服饰和女性服饰通常有比较明确的界线和标记,比如颜色、花样等。如同其他文化标记一样,哪些花样颜色属于女性服饰,哪些颜色花样属于男性服饰,是约定俗成的,而且随区域不同而各异,随时代变迁而不断变化。观察这些异同与变化就是观察性别认同在服饰上的体现。穿戴某种服饰是对某种性别的认同;相反,穿戴另一类服饰是对另一类性别的认同。这种现象在文化多元的当代社会司空见惯。以同性恋者为例,同性伙伴中的一位通常会把自己打扮成与同伴相异的角色,即:男性同性恋人中的一位通常会把自己装扮成女性,女性同性恋人中的一位也会装扮成男性。无论是男性同性恋人还是女性同性恋人,装扮成异性的那位在服饰表征上认同了与本性相异的性别。这一异性认同是一个比较有趣的现象。与一般同性恋人的异性认同相比,双性恋者的异性认同要复杂一些,也会更加典型一些。如果,一位扮演女性的男同性恋人,同时又是一个双性恋者,那他必须在不同的场合认同不同的性别。也就是说,在与男性恋人一起时，认同的是女性，而在与女性恋人一起的时候，他所认同的必然是男性。性别表象认同的最典型的实例也许是那些变性人，如：泰国的"人妖"从服饰、体征、姿势等表象上已经无法看出"她"原来是一个男性。美国有一位19岁的"男性"迎娶一位31岁且有3个孩子的妈妈，而这位男青年是一个动过手术的变性人，"她"所有的一切，包括认同，都变成了男性。

衣服、饰品、体征以及姿势是性别认同的一部分，另外还有很大一部分是语言。这一小节的第一、第二点谈到不同的性别有不同的语言表达，以及专门歧视女性的语言表达，而这些性别差异以及语言表达的差异是特定社会文化反映在性别上面的标记。对于语言观察者而言，这些标记可以提供识别性别的符号；而对于语言使用者，这些不同的标记为他们提供了性别认同的工具。如同其他方面的语言认同，语言的性别认同也有两类：一类是"积极认同"，一类是"消极认同"。大多数人通常会对本性予以积极认同，通俗地说，男人说话像男人，女人说话像女人。在日本，男性不会使用女性用的词汇或句子；同样，女性也不会使用男性所用的词汇和句子。但是，也有一部分人会采取"消极认同"的方式使用语言。上面说到的同性恋者，他们不仅在性取向上采取了消极认同的立场，认同与通常意义上的"异性恋爱"相反的性爱，而且在语言上认同与本性相异的特征。双性恋爱者如此，变性者更是如此。

实际上，性别的语言认同，与其他认同一样，是一种角色的认同。性别只有两种，因此角色也只有两种，非男即女。积极认同为认同本性，用体现本性特征的语言；消极认同为认同异性，用体现异性特征的语言。也许由于性别偏见的缘故，我国的传统戏剧中，男女角色的担任出现了不合常理的现象。例如：京剧的女角由男性来担当，其中，梅兰芳是杰出典型，以专演女性而闻名世界；越剧的男角由女性担任，越剧《红楼梦》中贾宝玉的扮演者徐玉兰也是闻名遐迩。戏剧中的男女角色，其语言、服饰、体征、姿态性别分明，而扮演者得根据角色要求进行表演，从语音、唱腔、台词以及舞台表现都得体现男女性别特征。对梅兰芳、徐玉兰等男扮女装或女扮男装的演员而言，他们经历了性别的消极认同，虽然这仅仅是在舞台上的片刻时间。

舞台上的与本性相悖的消极认同是戏剧传统规矩的要求，实际生活中性别的语言认同受社会规范和文化习俗约束。前者是舞台效果，后者是社会产物。斯库特纳博—康格斯指出，语言的性别特征有两个方面的缘由：一是"权力"，二是"羞耻"。男性善用粗俗甚至低俗的语言是男尊女卑社会所赋予他们的权力，同时他们使用这些语言是为了显示这些权力。女性使用委婉文雅的语言是出于"羞耻"并对男性权力的臣服。当然，由于语言的性别认同是特定社会文化的产物，无论是其标记还是过程，都是相对的。也就是说，不同的社会、不同的文化、不同的群体、不同的时代均有不同的性别认同。

第三节 民族与认同

一、民族特征

首先说一下民族与国家这两个概念。民族（nation）与国家（state）有时候是一回事，有时候又不是一回事。联合国的英文名称是"United Nations"，其成员国为"member states"，这里的国家与民族混为一谈。冰岛是一个国家，也是一个民族，所以在那里，国家就是民族，民族就是国家。用英文问起一个人的国籍，用"nationality"而不用"statehood"。英国本世纪推出的《国家语言战略》，英文为 *National Languages Strategy*；美国出台的"国家安全语言战略"，原文是"National Security Language Initiative"。两者都用了"nation"而非"state"。国家森林公园的翻译是"National Forest Park"，也用"National"。所有这些例子说明，民族与国家两个概念有着十分密切的关系，以至于在很多情况下是互相替换的。但是，它们是有区别的。国家是一个行政概念，指的是具有主权的政体，包括领土、军队、司法等行政架构；而民族指的是具有自主政体或具有建立自主政体意愿的族群。国家更多是指政府机构，民族更多是指民众和人民。

国家历史悠久，人类上古时代就有了国家，领土、军队、司法以及政府机构一应俱全。中国传说中的炎帝和黄帝所建立的部落在很大程度上是国家，至少是国家的雏形，他们"修德振兵，治五气，艺五种，抚万民，度四方"，他们习用干戈、侵伐征战、此起彼伏，最终由黄帝统一天下，定都于有熊。黄帝统一华夏之后，便开始制定国家的职官制度，名中央职官为"以云"，管理宗教事务的为"青云"，管军事的官员为"缙云"；又设置"大监"，负责监督天下诸部落，管理民众的官职设"风后""力牧""常先""大鸿"等。这些都已十分清晰地体现了国家特征。炎帝和黄帝所处的时代是公元前2700—2600年。世界上其他文明古国出现的年代有的比华夏文明古国成型的年代还要早,如古埃及国第一王朝的年代是公元前3200—2950年。

也许国家刚刚形成时,多半是单一民族,炎帝的部落是一个姜姓族裔,黄帝建立的是一个姬姓王国。炎黄两帝同属华夏族,被称为华夏先祖。就人种而言,古埃及人也比较单一,他们是北非原住民与西亚塞母人融合而成的族群。建国初期,他们凭借地中海、沙漠、尼罗河等天然屏障,保持了相对单一的民族性。然而,随着时代的变迁,不同族裔之间的接触与交往日渐频繁,国家的破立更迭,民族的单一性不断被多样性所替代。发展至今日,世界范围内绝大多数国家已成为多民族国家,单一民族的国家十分稀少。中国是世界上人口最多的国家,有56个民族,其中汉族人口最多,也是世界上人口最多的民族。美国的民族是一件"百衲衣",其数量超过300个。如果把原住民按族裔细分一下的话,仅原住民就超过一百个民族。英国国土面积很小,人口也不多,但伴随英国一起发展成长的民族至少就有4个——英格兰人、苏格兰人、威尔士人和爱尔兰人,后来陆续前来定居的其他民族的人不算。巴布亚新几内亚是南太平洋西部的一个岛国,国土面积还没有中国的四川省那么大,人口不到四川省人口的10%,但民族数量超过800个。多民族国家通常是以一个民族为主,其他民族为辅,组成一个具有自主政体的国家。主体民族称作多数民族,为辅的民族称作少数民族。在中国,汉族是多数民族,汉族便是国家的主体民族,其他55个民族为少数民族;美国白人为主体民族,其他各族为少数民族;英国以英格兰人为主体民族,苏格兰人、威尔士人以及爱尔兰人等其他民族为少数民族;巴布亚新几内亚的主体民族是美拉尼西亚人。

多民族国家拥有大小不一、数量多少的不同的民族,民族与民族之间的相互接触交流,乃至矛盾冲突在所难免,民族之间的矛盾与冲突成为多民族国家棘手的问题。多民族国家民族问题的症结在于民族的相对特征。不同于国家政体,民族与历史、宗教、语言、文化乃至行为习俗关系密切。不同的民族具有不同的发展历史、不同的宗教信仰、不同的语言文化和不同的风俗习惯。国家的特征体现于军队、制度、机构等国家机器,而民族的特征体现于历史文化、宗教语言以及风俗习惯。统一军队、制度以及建立统一的政府机构容易,但统一语言文化、宗教信仰和风俗习惯不是一朝一夕所能奏效的。这就是长期困扰多民族国家的民族问题的缘由所在，同时也说明民族特征有它的独特性和复杂性。

二、民族认同

由单一民族国家发展成为多民族国家，民族问题凸显了出来，而民族问题的关键在于"认同"。20世纪以来，人们普遍把多民族国家称作"民族国家"，以区别民族相对单一的18和19世纪以及之前的传统帝国或王国。民族国家的定义与国家的定义基本相同，指的是一个独立自主的政治实体，是一个民族自决和自治的概念和实践。但是，它不同于以往国家概念和实践的是"认同"。单一性国家里面，所有公民共享一种价值、历史、文化，同说一种语言，可能还信仰同一种宗教；但是多民族为主要特征的民族国家则不然，很少国家能够做到这一点，尽管许多国家在努力做到这一点。

在民族认同问题上，民族国家的实践大致可以分为两类：一类是"统一"，一类是"多元"。因为出于国家统一和民族团结的考虑，当今世界大部分国家都采取了第一类实践，虽然力求"统一"的程度各有不同。这一实践的理论根据是认同的"国族化"，指的是超越民族认同的"国家认同"。一个民族构成一个政体，这个民族的认同便是这个政体及国家的认同；多个民族共同构成一个政体，各民族有不同的认同。就国家而言，相对统一的认同似乎是保障国家统一与民族团结的必经之路。民族国家是政体是一种形式；民族则是共同体的认同概念，其来源可以是共享的体制、文化或族群。民族国家相对统一的认同一般是建立在组成这个国家各民族中人口数量最多的民族的认同基础之上的，其中包括各民族对新建体制的认同。这些数量最多的民族就是上文说到的那些主体民族，其他各民族便成为少数民族。因此，民族国家的民族矛盾与冲突实际上就是民族认同的矛盾与冲突。

为了避免或缓解民族认同的矛盾与冲突，一些国家会采取第二类实践方式，即多元认同的实践。这一类实践的理论根据是"多元文化主义"。多元文化主义主张文化多元并存，异中求和，而非求同存异，更非趋同排异，以追求世界多元发展。与追求统一认同的民族国家不同，奉行多元文化主义的民族国家对多民族各自的认同采取包容态度，国家认同建立在多元认同基础上。追求统一认同的国家，通常将某种认同强加给治下各民族，力求使他们认同国族或国家的认同；

奉行多元文化主义的国家尊重治下各民族的认同，体现异中求和，力求文化认同的多元发展。

事实上，极端的"统一认同"和"文化多元主义"都是不现实的，是理想主义产物。"统一认同"治国理念是为了构建一个理想民族国家——一个国家、一种认同、一种文化、一种传统。实际上，没有任何一个国家能够完全符合或者实现这一理想模式。冰岛和日本是岛国，地理上享有得天独厚的优势，但是它们仅仅也只能接近这一模式。从族群观点上看，冰岛居民与其他斯堪的纳维亚民族有近缘关系，但冰岛上仅存一种语言与文化，没有邻国少数民族。然而，这一状况在相对闭塞的过去可以维持相当长的时间，而在交通高度发达的当下是无法持续的。移民冰岛已经开始，连中国公民都已经在冰岛购置地产，开办实业。日本的条件没有冰岛那么好，国内有少数民族，尽管数量不多，比如南部有原住民琉球人，本州有高丽族、汉族、菲律宾人以及巴西人，还有少许欧美白种人，北部北海道上还有原住民阿伊努人。由于这些少数民族加在一起也不到整体的5%，日本仍旧被人们认为比较接近理想民族国家。而实际上他们仍然存在民族认同矛盾与冲突，只不过程度没有其他国家那么尖锐而已。同样，极端的多元文化主义也无法找到实在的案例。美国是一个多民族移民国家，在那里有300多种语言，同时，文化多元主义也唱得十分响亮。但是，事实上，美国依靠以英国殖民主义基础上发展起来的盎格鲁—撒克逊主义——一种以英语文化为核心的民族主义——同化与融合其他民族与文化而实现国家的统一与民族的团结。在那里确实有非主流文化的存在，但是一旦非主流文化对主流文化构成威胁，主流社会便通过某种形式强化主流文化的地位。新加坡是一个很小的城市国家，但是民族数量也不少，除原住民马来人之外，有后来移民的华人、印度人以及说英语的欧美白人。随着国际化程度的提高，新加坡接纳了不少其他民族的移民。新加坡赞同多元文化主义，把四种语言确定为官方语言，被称为多元文化的移民国家，促进种族和谐是政府治国的核心政策。从这些方面看，新加坡堪称多元文化主义民族国家的理想模式。但实际上，在新加坡，由于华人占总人口的74.2%，新加坡依旧是华人世界，华人认同占主导地位，这是一个不争的事实。同时，由于新加坡曾经是英国殖民地，被英国统治时间长达120多年，英语文化认同进入华人认同，所以新加坡的华人认同是掺杂了英吉利文化认同的华人认同。

所以，统一认同与多元认同都是相对的概念与实践，它们之间也没有一条不可逾越的鸿沟，世界各国的实践差异仅仅是两者之间跨度上的区别而已。但是，有一点是明确的：过分强调统一认同，可能会激化民族矛盾与冲突；过分强调多元认同，可以会影响国家的统一与民族的团结。

三、语言民族主义

最后简单地谈一下语言民族主义的问题。

语言民族主义指的是以语言为途径和出发点，唤醒民族意识、凝聚民族向心力、对外同其他民族区分的民族主义政治理念与活动。亨廷顿指出，语言是民族的核心。世界上许多国家的名称与语言的名称是一致的，尤其在欧洲和亚洲。这是因为民族是以语言为分界而确定的，德国——德语、日本——日语、西班牙——西班牙语、柬埔寨——柬埔寨语、英国——英语等。语言是民族最敏感的要素，也是民族认同最重要的标志。

语言民族主义源自德国，赫尔德、费奇特和洪堡时代的德国，领土分裂，时局动荡，民心涣散，需要一种力量来建立一个强盛的德意志联邦，三位思想家想到了"语言认同"。赫尔德认为：我们世世代代的思想、感情、偏见等都表现在语言里，说同一种语言的人正是通过语言的传承而具备相同的历史传统和心理特征，以共同的语言为基础组成民族是人类最自然、最系统的组合方式，而语言就是各民族最神圣的属性，也是彼此之间最重要的区别性特征。费奇特指出：哪里有一种独立的语言，哪里就有一个独立的民族，有权利管理自己的事务。他还认为，德语比其他任何语言都要优越，所以德意志民族比其他任何一个民族都要优越。这就是典型的语言民族主义。他们的理论有许多不正确的地方，但是他们认为，语言是民族的灵魂和本质特征，是民族最重要的认同标记，起着对外区分本族与异族，对内增强民族意识、凝聚民族成员之间团结的作用，从而筑成民族国家的立国基础。这一观点对德意志民族在近代欧洲史上的凝聚和发展起到了重要作用。

英国和爱尔兰提供了与德意志联邦稍有不同的例子。英国主要民族有四个——英格兰人、苏格兰人、威尔士人和爱尔兰人。大多数英国人具有两种认同，其中一种是国家层面的：他们都是"英国人"

（British），同时他们又认同各自的民族，分别又是苏格兰人、威尔士人、爱尔兰人和英格兰人。他们都说英语，但也有各自的方言并努力维护自己的语言：苏格兰人坚持说苏格兰英语，威尔士人试图挽救正在衰亡的威尔士语，爱尔兰人也不愿意失去自己的民族语言。由于苏格兰、威尔士、北爱尔兰以失去民族语言为代价统一到英国，所以在那里时常还会见到语言民族主义的矛盾和冲突。

有人认为，语言民族主义并不是普世价值。实际上，这并不是普世价值的问题，而是一个基本现实。德国宣扬语言民族主义，试图唤起民族认同的觉醒，达到民族强盛的目的，他们做到了。英格兰把英语强加给苏格兰人、威尔士人以及爱尔兰人，显然也是为了英格兰一统英伦三岛天下的目的，他们也做到了；而苏格兰、威尔士以及爱尔兰三个民族在这场历经数百年的语言博弈中失去语言，同时也失去了民族认同应有的地位。归根结底，这是由民族、语言、认同三者的基本关系所决定的。

思考题

1. 什么叫认同？
2. 为什么说认同主要是通过语言来表示的？
3. 你是怎样理解男女有别的，是生理区别，还是社会区别？
4. 民族与国家的区别是什么？
5. 语言民族主义作为理论，它的基本内容是什么？作为实践，它的基本功能是什么？

推荐阅读

Barbour, S. and C. Carmichael (eds.). 2000. *Language and Nationalism in Europe*. Oxford: Oxford University Press.

Holmes, J. and M. Meyerhoff (eds.). 2003. *The Handbook of Language and Gender*. Malden: Blackwell.

Huntington, S. P. 1996. *The Clash of Civilizations and the Remaking of World Order*. New York: Simon and Schuster.

Simpson, A. (ed.). 2007. *Language and National Identity in Asia*. Oxford: Oxford University Press.

第七讲 语言与行为

语言与行为关系密切，我们说话、写字、做文章实际上是在"做事"，语言哲学家称这是"言语行为"。这一讲谈语言和行为的关系。

第一节 言语行为

语言哲学家把言语行为分成两类：直接言语行为和间接言语行为。奥斯汀主要讨论了直接言语行为；瑟尔主要研究了间接言语行为。

一、直接言语行为

奥斯汀1975年出版了《如何以言行事》一书，提出了一个概念：言语是行为。我们在说话的同时，实施了一种或多种行为。比如：（1）我宣布你们正式结为夫妇；（2）我命名这艘船为"凯旋"；（3）我把这块表留给我的兄弟。这些句子，都不是在描述某一个事件或某一件物品，而是在做某一桩事情。神父或婚礼主持人在说这句话的同时宣布了新娘新郎正式结为夫妇；董事长或者一位大人物说话的同时给新船起了名；哥哥说话的同时留下了遗嘱。

奥斯汀称它们为"行为话语"。他指出，行为话语没有"正确"或"谬误"之分。行为话语不是在"陈述"什么，也不在"报告"什么，而是在"做事"。"它很美"这句话描述它美与不美，有正误之别。但是，此类描述性的话比例不大，行为性话语更多，它们也有一个判别真伪的标准：说话是否算数。宣布新人结为夫妇，神父或者婚礼主持人说了算；给新船起名字，董事长或权威人物说了算。

奥斯汀认为，语言的发生始末，从声像的出现、意义的传达以及实现都是行为，他把这个行为过程一分为三："言内行为""言外行为"和"言后行为"。说话写字——无论是说什么话、写什么字——言内行为便发生；所有言语，包括描述性言语和行为性言语，首先都是言内行为。描述性言语是在"说什么的时候说了什么";行为性言语是在"说什么的时候做了什么"。当"说什么的同时做了什么"的时候,言外行为便发生。比如,某人说"开门!"的同时,下达一道命令。当话语已经说完,动作也已经完成,言后行为便结束。

从表面看,三种行为可以分开来讲,但事实上,它们是不可分割的,发话、施行和结果一气呵成。奥斯汀把传统的语义解释发展到了行为解释。我们可以分别通过言语内容、意图、诚意、结果以及其他有可能出现的后果来看说话和写字,社会语言学各种因素必然成为首要考虑的因素。

二、间接言语行为

另一位语言哲学家瑟尔进一步发展了奥斯汀的言语行为理论,他提出了"间接言语行为理论"。与奥斯汀相同,瑟尔相信语言的意义解释离不开实际的语境,抽象的句子没有任何意义,唯有放到实在的语言使用环境中才有意义。瑟尔认为,语言的最基本单位并不是词,也不是句子,而是"言语行为"。他的言语行为主要指的是奥斯汀的"言外行为",是在实际语境中发生的言语行为。瑟尔指出,人们在日常言语交际过程中发话并不受"逻辑"制约,而是由"意图"驱使。因此听众必须根据说话人的意图去理解话语。

与奥斯汀不同的是,他认为,人们用语言表达意思,实施言外行为,言语形式和言语行为并不一一对应。比如:(1)说话人说话,准确表达意思,"说一是一";(2)说话人说话,表达了自己的意思,也表达了其他意思,"说一意二";(3)说话人说话,表达了不同的意思,"说一是二";等等。比如:"你能把书借我看一下吗?"这句话不仅是"问题"而且是"请求",说话人通过问题使听话人了解他要借书的请求。瑟尔把这类"拐弯抹角、话中有话"的表达称作"间接言语行为"。说话人拐弯抹角、话中有话,听话人也要拐弯抹角地去理解"话中之话"。

三、使役行为

我们日常生活中经常会让其他人做一些事情,所说的话被称作"使役行为话语",它们有的直截了当,也有的间接委婉。比如:"开开门！"和"我能进来吗？"。第一句是直截了当的命令；第二句是间接委婉的请求。瑟尔把直截了当的命令称作"直接使役行为话语"，把间接委婉的请求称作"间接使役话语"。他认为，我们请其他人做事，更多采用间接的方法。他把间接使役行为话语分为六个类别，分六组：（1）关于听话人行为能力的，如"你能不能安静些？"；（2）关于说话人愿望和希望的，如"我希望你不要去那里"；（3）关于听话人行为的，如"公司管理人员须系好领带就餐"；（4）关于听话人行为意愿的，如"你愿意给我写一封推荐信吗？"；（5）关于行为理由的，如"为什么你不能安静些？"；（6）包含上述因素或包含明确使役行为动词的，如"谢谢你声响小点儿"。

瑟尔把它们称作"常规间接使役行为话语"。他指出，这些常规的句式有一些显著特征：它们的义项里都没有"祈使"意义，但它们都是祈使行为话语，施行的是祈使行为；它们也不是通常意义上所说的"习语"，但用法习以为常，就是用来表达间接言语行为的。

瑟尔总结归纳了这类言语行为的特征和原则：说话人实施间接使役行为，可以通过询问或陈述：（1）关于听话人实施行为的能力为前提条件；（2）关于内容基本条件，并加以确认；（3）听话人行为的意愿；（4）听话人行为理由、意愿；等等。根据这些特征和原则，可以推导出来听话人理解说话人间接使役行为具体过程和步骤。通过"问题"到"请求"，由浅入深，了解话语的真实意图。

第二节 合作与礼貌

我们说话写字，与他人沟通交流，尽管语言五花八门，话语千姿万态，但总是能够顺利沟通，其原因是有一条原则始终作用其中，那就是语言哲学家格赖斯所发现的"合作原则"。我们在交流过程中，不停变换言语形式，其中一个重要的原因是，我们尊重听众，顾及他们的面子，这是语言学家利奇等人提出的"礼貌原则"。合作原则和礼貌原则是我们交流通畅、沟通顺利的先决条件。

一、合作原则

"合作原则"有时也称"会话合作原则"，是美国语言哲学家格赖斯所发现的。根据格赖斯，合作原则指的是统辖人类合作交流的常规。他说，我们参与言语交流，根据目的、走向以及要求等，做出恰如其分的贡献。格赖斯认为，我们一旦进行言语交际，就会自觉或不自觉地遵循这一原则，进行有效的交流，所以，会话合作原则并不存在违背的可能，言语交流总是由合作原则统辖和支配的。我们无论说什么话、发什么言，总是合作的，哪怕是在交际过程中一言不发，也是合作的——我们无话可说也表达了某种意义，实行了某种言外行为，比如抗议、反对、鄙视等。

格赖斯合作原则的意义在于"会话含义"。为什么那些答非所问、文不对题，甚至牛头不对马嘴的胡扯具有意义？正是因为有合作原则存在。人们总是合作的，这是前提。在合作的前提下，非问之答、偏题之文以及那些毫不相干的"牛头马嘴"能够传情达意。日常生活中我们理解弦外之音，戏剧里面人物把握戏文的潜台词，逻辑根据就是合作原则。

然而，合作原则下面的会话准则不同，我们经常会违背它们。违背它们是为了表达弦外之音，施行间接言语行为，传达会话含义。格赖斯的会话准则有四条：（1）质准则。总则：保证你的言语真实；分则：不说你知道是假的话和证据不足的话；（2）量准则。按当时的交流要求，提供足够的信息，不提供多余的信息；（3）关联准则。说有关联的话；（4）方式准则。主则：表达清晰；次则：避免模糊、歧义、冗余（简明扼要），条理清楚。

与合作原则相同的是，这些准则不是用来规定言语交际者说话的规则——它们也是我们日常言语交际的观察与描述；与合作原则不同的是，合作原则从不会被说话人背离，而会话准则通常都会被说话人违背。在实际的日常交际中，几乎没有多少人会不折不扣地遵循那些准则。如果是的话，理解会话意义变得极其简单，话语也就变得十分乏味。相反，正是因为我们不断地违背这些准则，使得会话丰富多彩，意义跌宕而耐人寻味。所以说，背离会话准则是言语交际的常态，而遵循会话准则是非常态。

从广义上讲，不同的民族，对信息的质与量有不同的标准。比如，非洲的马达加斯加人视信息拥有为某种特权或专利，不喜欢与人共享，并且认为直接承认事实的真相是件丢人的事情。因此，他们通常避免直接全面回答问题，只提供有限或虚假的信息。信息质量的标准差异不仅受不同民族文化的影响，也受地域文化差异的影响。比如，我国北方人相对南方人，乡村居民相对城市居民，由于受到历史文化、行为习惯、气候条件、居住空间等因素的影响，前者相对比较直爽、豪放，有时甚至夸张；而后者相对比较委婉、拘谨，有时甚至隐晦。他们的会话交流所提供的信息质量以及方式都会有所不同，准确理解把握信息须考虑这些因素，相应做一些剔除或增加的处理。

从微观角度看，违背会话准则的现象比比皆是。举一个例子：一位司机出了车祸，不治身亡。身边的朋友通知远在百里之外的亲属时，通常不会把真实情况如实告诉司机家人，尤其是至亲家属，而会降低实际情况的严重程度，让家人在赶往出事地时还存有一线希望。这通常被称作"白色谎言"，是对质准则的背离，而且是故意背离，个中缘由很清楚，是为了减轻受话人可能受到的伤害。

格赖斯把会话准则的背离分成两种：一种是自觉背离，或者说是故意背离；另一种是不自觉的背离，或者说是不经意的背离。白色谎言这一例子可算作是故意背离。然而，无论是故意的还是不经意的，会话准则的背离不仅在日常生活中，而且在戏剧、电影以及文学故事里面比比皆是。因为有了这些背离，语言生活才显得丰富多彩；因为有了这些背离，我们才有幽默、讽刺、夸张、比喻等精彩纷呈的文学语言。其背后是合作原则和会话准则的作用——合作原则的始终遵循和会话准则的经常背离构成了语言的精彩和丰富。

关于为什么人们通常在合作的情况下背离会话准则，格赖斯没有给出解释。英国兰卡斯特大学语言学教授利奇试图对它作出解释。在他看来，人们频繁背离会话准则多半是出于礼貌，或者按布朗和莱文森等人的说法，是为了维护面子。为此，利奇提出了一套"礼貌原则"，布朗和莱文森等人提出了"面子伤害行为理论"。这两种理论一方面为会话准则背离现象提供了一部分解释，另一方面为人类社会言语交际行为中礼貌现象的研究奠定了理论基础。

二、面子维护

首先说一下"面子"。面子概念源自中国，中国人也许最讲面子，被认为是中国文化的精髓之一。面子可以留、可以争、可以失、可以给。随着近现代西方传教活动的开展，面子概念进入西方人的视线。从社会学角度研究面子始于古夫曼，他认为，面子是根据观众以及各种社会交流实际变化而变化的"面具"，是在社会环境中建立起来的，人们在情感上依赖面子，并尽力维护自己的面子。有面子，感觉良好；没面子，感觉痛苦。所以在社会交流过程中，人们通过礼貌策略的使用共同合作，维护彼此的面子。

关于面子的社会语言学讨论，布朗和莱文森比较深入。他们认为，面子是每一个成年人所要保护的公众自我形象。这同汉语中的面子概念差不多，"要面子"讲的是在公众面前维护个人良好形象。布朗和莱文森把面子分成两种："正面子"和"负面子"。正面子指的是自己的形象，包括性格以及愿望等受到他人的喜欢和赞许；负面子指的是每一个成年人能够在不受干扰或限制的情况下自由行动的需要。简言之，正面子就是"自尊"，负面子就是"自由"。维护自尊和他人的尊严就是维护自己和他人的正面子；行动不受干扰就是负面子得到尊重和维护。

布朗和莱文森认为，讲面子是世界普遍现象，每一个成年人都需要正负面子的尊重和维护，也就是说，都需要自尊与自由。但是，在言语交际中，有一些话语本质上具有伤害面子的言外行为。他们把它称作"脸面伤害行为"（FTA）。面子有正负，FTA也有正负。伤害自尊的行为称作"+FTA"；干扰自由的行为称作"-FTA"。伤害脸面，听话人有份，说话人也有份，即所谓的"一损俱损，一荣俱荣"。

伤害正面子的言语行为有四类：（1）对听话人进行负面评价，比如，说话人直接或间接地表示不喜欢听话人的财产、愿望或个人物品等。再如，说话人表达或暗示听话人有错误、不理智或被误导等。具体的言语行为有：对听话人表示异议，包括侮辱、指责、抱怨、挑战以及插话等；（2）对听话人面子漠不关心，比如：使听话人感到尴尬或惧怕，如情绪过分激烈的言辞，说话人表示与听话人的观念或意见不一致等；（3）不顾听话人的情绪，如贬低或夸口；（4）增加FTA发生的可能性，比如提及政治、种族、宗教等社会敏感话题，不顾听话人的感受，如身份、性别或年龄称谓的误用等。

伤害负面子的言语行为主要有三类：（1）要或不要听话人做事，给他压力，比如命令、要求、建议、忠告、提醒或警告等；（2）对听话人的感情、物件等说三道四，比如赞扬、嫉妒、羡慕、仇恨、愤怒和不信任等；（3）说话人让听话人感到有报恩压力，比如施舍、许诺等。

说话人说的话伤害听话人面子，但也有时候也伤害自己的面子，比如说自己不对，无法自控等，如致歉、自辱、忏悔，说话人自毁脸面，承认做错某事，还有表示无法控制身体和情绪等，这些事伤害说话人自己的正面子。说话人表示服从听话人的权力，比如表达谢意、接受感谢，或致歉、借口、接受施舍、对听话人违背社会礼仪做出反应、说话人被迫实施勉为其难的行为等。

虽然人们的言语交际存在如此多的可能伤害彼此面子的行为，交流各方都会采取措施减少面子伤害的程度。布朗和莱文森概括了这些措施，提出了一个叫做"礼貌策略"的模式。礼貌策略从完全放弃言语行为到不加任何修饰的伤害面子，中间有"间接策略""维护正面子礼貌策略""维护负面子礼貌策略""不加修饰策略"。放弃FTA也就是放弃具有伤害面子的言语行为；从事FTA指的是实施伤害面子的言语行为。从放弃FTA到从事FTA是一个过程。一方面，言语行为伤害面子的程度不断增加；另一方面，交际者运用礼貌策略不断降低伤害面子的程度。

伤害面子程度最大的行为是"不加修饰策略"，即说话人不加修饰，不去降低伤害面子的程度，通常会使人感到震惊或尴尬。所以，只有说话人与听话人非常熟悉、关系亲密，听话人不会介意或者紧急情况下才会用这一策略，比如："危险，快走开！"（紧急情况）；"把榔头递给我！"（工作效率）；"吃吧！"（关系亲密）；等等。

维护正面子的礼貌策略用来取悦听话人，使他对自己感觉良好，一般用于相互比较了解的情况下。除开一些避免冲突矛盾的手法之外，还可以通过陈述朋友之情，重申亲密关系，表扬和赞誉等方式维护对方的正面子。此类策略包括：（1）迎合对方兴趣和需求等，如："你看来很伤心，我能为你做些什么？"（2）用"圈内人"标记申明亲密关系，如："喂，伙计，能借我一元钱吗？"（3）表示乐观，如："如你不介意，我待会儿就来。"（4）与对方共事，如："如果我们互相协助，我想，我们大家都能渡过这一难关。"（5）惠赠或许诺，如："你洗碗，我吸尘。"（6）夸大对他的兴趣，褒扬他的爱好，如："你头发理得真好，在哪儿理的？"（7）避免异议，如："是的，太长了，确实不短。"（8）开玩笑，如："哇噻，是个弥天大谎！"

在交际过程中，说话人还会运用维护听话人负面子的礼貌策略，强调避免干扰对方的行动，避免给他压力，维护他的自由。主要策略包括（1）委婉间接，如："您知道牛津街怎么走吗？"（2）问句，如："可能您拿错了，也许吧。"（3）表示悲观，如："您没有办法借我一千美元，是吗？"（4）最大限度地降低强加程度，如："那儿离你不远，就一两个街区。"（5）用名词化、被动态以及抽象普通的结构，避免具体化，如："来访者在单子上签名。"（6）致歉，如："对不起，我要求太高了，您能借我20万元吗？"（7）用复数人称，如："我们遗憾地通知您。"

布朗和莱文森给出的这一套礼貌策略是一份清单，我们可以根据交际实际需求选择其中的某些策略。每一项具体选择的背后是交际者所处社会环境中各种因素的作用与互动。我们需要考虑与对方的社会关系、话语场景、交流目的、话题内容等诸多因素。在什么情况下用正面子策略，在什么情况下用负面子策略，在什么样的情况下用相应的言语，都是由这些社会因素影响与支配的。而且这些因素的作用与互动并不是即兴的，而是早已在社会化的过程中内化到社会语用习俗之中，成为我们的"社会语用能力"。

三、礼貌原则

与布朗和莱文森一样，利奇从格赖斯的合作原则与会话准则中得到灵感和启发，借用了言语行为理论的基本理念与模式，提出了一套"礼貌原则"。利奇认为，我们的日常言语交际不仅为合作原则所统辖，还为礼貌原则所统辖。我们在合作的基础上，违背会话准则，产生会话含义；我们在礼貌前提下，背离会话准则，同样产生会话含义。背离会话准则通常是出于礼貌。比如：我们吞吞吐吐是出于对听话人的尊敬礼貌；说白色谎言；是为了维护对方的面子；说话多是我们热情；等等。利奇认为，有理智的人参与交际都会考虑礼貌，维护彼此的面子，而实现礼貌和维护面子的行为多种多样。他归纳了六类，设计为六个准则："通达""慷慨""赞许""谦虚""同意"以及"同情"。

首先，通达是一种礼貌，具有双向性。对听话人来说是礼貌，对说话人来说可能并不是礼貌。因此，对自己不礼貌，是给他人礼貌；对自己越不礼貌，对他人越礼貌。这里有"损失"和"利益"两个因素。对方损失越大，越不礼貌；对方损失越小，越礼貌。对方利益越大，越礼貌；对方利益越小，越不礼貌。

所以，通达准则有两条次则：

（1）尽量减小对方的损失

（2）尽量加大对方的利益

以此类推，利奇的其他几项礼貌准则大多如此：

慷慨准则：

（1）尽量减小我方的利益

（2）尽量加大我方的损失

赞许准则：

（1）尽量减小对对方的批评

（2）尽量加大对对方的赞扬

谦虚准则：

（1）尽量减小对我方的赞扬

（2）尽量加大对我方的批评

同意准则：

（1）尽量减小与对方的分歧

（2）尽量加大与对方的同意

同情准则：

（1）尽量减小对对方的冷漠

（2）尽量加大对对方的同情

下面选用利奇的几个例子分别进一步说明这些准则：

（1）You can lend me your car.（你可借我用一下你的车。）

　　I can lend my car.（我可以把车借给你用。）

（2）You must come and have dinner with us.（你必须来和我们吃晚饭。）

　　We must come and have dinner with you.（我们必须去和你们吃晚饭。）

（3）Could I borrow this electric drill?（我能借用一下这把电钻吗？）

　　Could you lend me this electric drill?（你能把这把电钻借我用一下吗？）

（4）I wouldn't mind a cup of coffee.（我就要杯咖啡吧。）

　　Could you spare me a cup of coffee?（你能给我一杯咖啡吗？）

上面四组句子能够用来说明慷慨准则的礼貌区别，其核心是"利"和"损"。除第（4）组之外，其他三组每一组两个句子句式完全一样，唯有人称代词不同。人称代词的变化导致利损关系变化，利损变化导致礼貌程度的变化。第（4）组第一句话比第二句更礼貌，也就是在人称代词上。第一句用"I",行为实施者为"自己";第二句用"you",行为实施者为"他者"。所以,没有明确表示劳驾他者的第一句话要比明确表示劳驾他者的第二句更加有礼貌。第(3)组道理一样。第(1)和第(2)组中,由于人称代词变化置换了受益者而使礼貌程度发生很大变化。第(1)组第一句话和第(2)组第二句话不仅很不礼貌,而且在英语文化圈里很难为人接受。相反,其余两句话语所表达的礼貌程度很高。

(5) What a marvelous meal you cooked!(你烧的菜真好!)
What an awful meal you cooked!(你烧的菜真糟!)
(6) A: Her performance was outstanding! B: Yes, wasn't it!
(A:她的演出棒极了! B:是,是很棒!)
A: Your performance was outstanding! B: Yes, wasn't it!
(A:你的演出棒极了! B:是,是很棒!)
A: Her performance was magnificent, wasn't it! B: Was it?
(A:她的演出很棒,是不是! B:是吗?)

第(5)(6)组例句可以用来说明赞许准则。赞扬对方烧菜好,自然有礼貌;批评烧菜糟就不够礼貌。第(6)组中几句话更有意思:第一组对话很正常,褒扬第三者,没有涉及听话人,所以没有不礼貌嫌疑;第二组B的回答因为评论对象的变化而变得十分不礼貌,而且不能让人接受。听话人自己夸奖自己,违背了谦虚准则;第三组对话B的回答饶有趣味。他不同意A的评价,但比较委婉间接地表达了这层意思,遵守了赞许准则和同意准则,但明显违背了格赖斯的"量准则",没有足够的信息量。

夸奖自己、批评他人,违背谦虚准则,同时也违背赞许准则:

(7) How stupid of me!(我真笨!)
How clever of me!(*我真聪明!)
(8) How stupid of you!(*你真笨!)
How clever of you!(你真聪明!)
(9) Please accept this small gift as a token of our esteem.
(礼物很小,不成敬意,请笑纳。)
Please accept this large gift as a token of our esteem.
(*礼物不小,是我们的心意,敬请笑纳。)

带星号的话语不仅在英语文化圈里不为人接受,在其他文化里面也很难为人接受。原因是十分不礼貌。汉语文化里,自贬是常态。明明是一顿大餐，主人偏偏会说："没有什么吃，骗骗你们的嘴。"明明是一件珍品，送礼人会说："一点小意思。"

（10）A: It was an interesting exhibition, wasn't it?
（A：展览很有意思，是不是？）
B: No, it was very uninteresting.
（B：不！很没意思。）

（11）A: A referendum will satisfy everybody. B: Yes, definitely.
（A：进行公投能满足大家的要求。B：是，毫无疑问。）

（12）A: English is a difficult language to learn.
（A：英语是一门难学的语言。）
B: True, but the grammar is quite easy.
（B：不错，可语法比较容易。）

（13）A: The book is tremendously well-written.
（A：书写得极好。）
B: Yes, well-written as a whole, but there are some rather boring patches, don't you think?
（B：不错，总体很好，但也有几处比较乏味，你说是不是？）

（14）I'm terribly sorry to hear that your cat died.
（听说你家猫咪死了，我很难过。）
I'm terribly sorry to hear about your cat.
（听说了你家猫咪的遭遇，我很难过。）
I'm delighted to hear about your cat.
（听到你家猫咪的喜讯，我很高兴。）
A: I'm delighted to hear about your cat.
（A：听到你家猫咪的遭遇，我很高兴。）
B: What do you mean? He's just died.
（B：你什么意思？它刚死掉。）
A: Precisely.
（A：就是这个意思。）

第（10）到（13）是说明同意准则的；（10）中第二句话语是不礼貌的话语，因此也是不常见的话语；（11）A与B意见完全一致。（12）和（13），B部分同意A的意见，表达不同意见部分进行了修饰，尤其是（13），B表达不同意见后，加上了询问A意见的话语，遵循了同意准则；第（14）组是关于同情准则的话语。第（14）组一、二两句话遵循了"同悲同喜"的原则，而其余则不，其中B幸灾乐祸。利奇认为，类似这样的交流不像是人类会话。

从社会学角度看，礼貌原则的背离受到地位、身份、性别、年龄等诸因素的支配与作用。位高权重的上司无需像下属对他那样彬彬有礼，长辈对子女太有礼貌就会变为反语，女性相对于男性也许更有礼貌些。受教育程度、地域文化、传统习俗也会影响礼貌准则的遵守与背离。所以，礼貌准则并非是让人遵守的规则，而是人们日常交际言语选择的描述和解释，因此也必然是因时、因地、因人而异。

第三节 个案分析：英语使役行为句的社会语用学研究

从上面关于语言与行为的关系的讨论，我们看到，语言与行为的关系本质上是一种社会关系。语言合作是社会契约的基础，礼貌语言是社会和睦的需要。会话准则与礼貌准则为人们提供了认识和理解言语交际的多元与和谐的特征。下面我们选择英语使役行为话语作为个案，分析和研究会话以及礼貌准则的作用，以便更加深入地理解合作和礼貌原则。

一、理论概述

总结归纳上述两节所讨论的理论，以下几点要加以强调。

第一，布朗和莱文森的面子伤害理论的关键在于：

（1）凡有理智的交际者，均有面子观念。

（2）面子是通过他人行为——主要是言语行为——维护的，因此交际双方通常会维护彼此的面子，除非一方有绝对把握保证对方毫无条件地维护他的面子。

（3）有一些言语行为本质上是伤害他人面子的，这就是所谓"面子伤害行为"（FTA）。

（4）一般情况下，S总是想方设法，通过各种手段降低FTA的程度，除非S故意伤害H的面子。

（5）FTA强度越大，所采取降低FTA程度的方法越复杂。

（6）面子是一系列需要，包括自尊（正面子）和自由（负面子）两个方面。

第二，利奇的礼貌准则很大程度上与"利益"有关，包括物质上和精神上的利益。通达准则和慷慨准则直接与物质利益挂上了钩。利奇用了"利益"和"损失"两个名词。损失的英文"cost"有"成本"的意思，在这里指的是"花去成本"，因此可以理解为听话人为实施某项行为时须丢失或损耗的物质利益。说话人使听话人花去的成本越少，越是对听话人通达和慷慨，话语就越显礼貌；相反，说话人使听话人花去的成本越大，越是对听话人不够通达和慷慨。赞许准则、谦虚准则、同意准则以及同情准则同样与利益相关，不过赞许、谦虚、同意和同情更多体现的是精神层面的利益和损失。赞许和谦虚使听话人精神愉悦；同意与同情使听话人情感满足。

更为重要的是，利奇的"利损观"说明了一个规律：利损由"利"端到"损"端流动构成一个流程，流动的是一个"利益中心"。谁得到最大利益，就对谁最礼貌；相反，谁得到最大损失，对谁就最不礼貌。最好的说明莫过于请吃饭的例子。说话人会用强制性的非常不礼貌的话语来请吃饭，严重干涉听话人的行动自由，伤害了他的负面子。但是，吃饭有利于听话人，强制他来吃饭，使他的利益最大化，所以它又是非常有礼貌的。相反，用下列句子来表达的话，邀请显得轻描淡写，诚意不足："你能来与我们共进晚餐吗？""你是否有可能来与我们共进晚餐？""你是否介意我请您前来与我们共进晚餐？"或"我们今晚有晚餐会"，等等。这些诚意不足的邀请是不礼貌的。

第三，按照"利益中心"和"伤面子理论"，很多话语本质上是不礼貌的，会对听话人构成面子伤害，而且在交际过程中，许多情况下还不得不实施伤害其面子的行为。但是，在交际过程中我们不可避免伤害对方面子时，总要想方设法降低伤害强度，保证得体、和谐的交际。具体的方法就是一系列的"补偿手段"，通过言语单位的增加、更换或者重新组合加以实施，使话语显得比较委婉、间接和客气。

第四，合作原则是不会违背的，在言语交际活动中，有理智的人们总是合作的。而会话准则是经常会背离的。因为这些背离，意义才会缤彩纷呈，行为才会千姿百态。会话准则是用来描述和解释交际现象的，而不是用来规定交流行为的。同理，布朗和莱文森的面子理论以及利奇的礼貌准则揭示的不是言语交际规则，而是言语交际规律。通过这些准则，我们可以更好地解释和描述言语交际以及言语交际与社会行为之间的关系和互动。

二、英语使役行为话语

韩礼德指出，人们面对面的言语交际行为可分成两大部分：给予和索取。使役行为是索取行为中的一部分，主要包括命令和要求或请求。相应的言语形式有传统意义上的祈使句、疑问句和陈述句。请看一组同一行为的使役行为话语：

（1）Open the window!（开窗！）

（2）Will you open the window?（你愿意打开窗户吗？）

（3）I wonder if you would open the window.（我不知道你愿不愿意开窗。）

以上各句说话人都要听话人实施某种行为，句（1）是祈使句，言语形式与言语行为一致；句（2）（3）不是祈使句，但是它们行使的也是使役行为，言语形式与行为不一致。利奇把它们称作祈使句的礼貌形式，言外行为与句（1）相同，三者同为使役行为话语，说话人都是要听话人"开窗"。

有意思的是，这三类句子每一类都可以增加许多句子：

（1）Open the window!

　　　Please open the window!

　　　Open the window please!

　　　Open the window, will/would/can/could/won't/wouldn't/can't/couldn't you?（开一下窗，乐意吗/愿意吗/能吗/可以吗/乐意不/愿意不/能不/可以不？）

　　　……

（2）Will you open the window?

　　　Will you please open the window?

　　　Would you open the window?

　　　Would you please open the window?

　　　Can you open the window?

　　　Could you open the window?

　　　Can you please open the window?

　　　Could you please open the window?

　　　Is it possible if I ask you to open the window?

　　　Will/Would it be possible for me to ask you to open the window?

　　　May/Might I ask you for a favor as to open the window?

......

（3）I wonder if you would open the window.
I was wondering if it is possible for me to ask you for a favor to open the window.
It's hot in here.
......

英语使役行为句的讨论散见于现存语法书或语言学专著的有关章节，但大多从传统的语法出发研究这些句式，很少从社会语言学或者社会语用学角度去分析。而这些话语通常出现于面对面的交际活动，同环境、目的，特别是交际对象联系紧密，所以仅从语法角度讨论它们是不够的，无法完全说明它们的性质和意义，更加无法把握它们的言外行为。因此，只有从社会语用学角度加以分析，才能真正认识和把握它们的交际性能和本质特征。

三、分析与讨论

（1）Please VP! 与 VP, will you?

上文已提到，句（1）可以加上"please"或者"will you"等组成：

（1a）Please open the window!
（1b）Open the window please!
（1c）Open the window, will you?

以上各句分别增加了"please"和"will you?"。就句法而言，句（1a—1b）多了个"please"（if you please），句（1c）多了个附加成分，成为附加疑问句，亦称反意疑问句（tag question）。从社会语用学角度看，例（1）增加成分以后，产生了有意义的变化。句（1）的言语行为是使役，是劳驾听话人，利益中心在说话人这一边，因此，本质上属于"面子伤害行为"。"please"与"will you?"是说话人用来减弱话语伤害听话人负面子，减轻干扰听话人自由的程度的，是说话人所采取的补偿手段。

对句（1）进行礼貌补偿的手段远不止这些，如"please"和"will you?"可以连用：

（1d）Please open the window, will you?

句（1d）比前四句的面子伤害强度要弱，如果把"will you?"改成"would you?"，强度更弱。还可以对声调进行处理，在句（1b）句末的"please！"用升调，可以使该句委婉和客气。

（2）Will you VP? 与 Would you VP?

句（1c）与（1d）实际上已不再是祈使句，而是疑问句了，句尾加上了附加成分，成了附加疑问句，因此，在句法结构上与下列两句相近：

（2a）Will you please open the window?
（2b）Would you please open the window?

显然，句（2a）与句（2b）是疑问句，用了情态助动词"will/would"，但是它们的言语行为仍旧是要求听话人开窗。实际上，它们是"礼貌祈使句"，类似的句子还有：

（2c）Would you kindly open the window?
（2d）Would you be good enough to open the window?
（2e）Can you please open the window?
（2f）Could you please open the window?

讨论这六句话语（2a—2f）的社会语用问题，有两点是值得注意的：一是"will/would"与"can/could"之间的区别；二是"will/can"与"would/could"之间的区别。

句（2a—2f）中，"will/would"的情态意义表个人意愿。因此，句（2a—2b）的表面行为（直接行为）是说话人对听话人个人意愿的询问：是否愿意打开窗户。句（2c—2d）进行了补偿处理。句（2e—2f）中，can/could的情态意义虽然也有个人意愿的成分，但话语表层所实施的言语行为还是有关听话人的能力，且还是客观能力，所以，句（2e—2f）是说话人用来询问听话人能不能开一下窗户。"愿不愿"与"能不能"显然是有区别的。然而，区别在哪里？为什么有这样的区别？

言语交际过程中，交际双方都要互相维护面子。说话人维护了听话人的面子，听话人也会维护说话人的面子，而且很多情况下，说话人维护听话人的面子，实际上同时也在维护自己的面子。同样，说话人伤害了听话人的面子，也会导致听话人伤害说话人的面子。所以，说话人在给听话人面子的同时，还要考虑尽量维护说话人的面子。例如，说话人向听话人提出某项要求时，通常会考虑到对方可能会拒绝而都会给听话人足够的余地和自由，以便听话人比较客气、礼貌，不伤和气地拒绝。按照布朗和莱文森的面子理论，说话人这样做是为听话人留足负面子，没有过多干预听话人想拒绝说话人要求的行为，也就是通常意义说的没有"强人所难"。余地和自由越大，礼貌程度就越高。

从这一角度看，"will/would"与"can/could"的区别就一目了然了。句（2a—2b）询问听话人的个人意愿，干涉了他想要（如果要想）拒绝要求的行为，伤害了他的负面子。说话人给他拒绝的余地和自由很小。他很难作出类似"Sorry, I won't/wouldn't"这样太伤说话人面子、太不客气的回答。当然，实际交际中，他真要拒绝的话，也会通过某些补偿办法来拒绝，如"Yes, I will, but I'm sorry to say I can't for the moment"等。而用"can/could"询问听话人能否开窗，并没有涉及他的个人意愿，也就没有"强人所难"之嫌。他要作出客气、礼貌的拒绝，余地比较大。因客观原因而拒绝要求，伤害说话人面子的程度减低了许多。因此，从这个意义上说，"Can/Could you VP?"所实施的使役行为比"Will/Would you VP?"所实施的使役行为更为礼貌。

一般语法书都认为"Would/Could you VP?"要比"Will/Can you VP?"委婉客气。原因是什么？首先这同它们的时态形式有关。"Will/would""can/could"实施使役行为，都表示"现在"意义上的请求，没有时间上的差别，但从词汇形态学角度而言，"would"和"could"显然具有过去形式的特征，而正是这个特征使"Would/Could you VP?"带有虚拟成分，使它们的使役行为更为婉转和客气。那么，为什么带虚拟成分的使役行为句要比相应的不带虚拟成分的句子要婉转？原因还是上文讨论过的"拒绝余地"。要拒绝一个"虚拟"的请求，当然要比拒绝一个"真实"的请求容易。听话人似乎可以听到："你可以拒绝我，这不过是一个假设的要求而已。"

（3）Would you mind V-ing P? 与 I wonder if you would mind V-ing P?

看例（2）与（2a—2f）之间的关系，我们发现，句（2a—2f）分别对例（2）进行了补偿处理。句（2a）增加了礼貌词"please"；句（2b）以虚拟请求出现；句（2c—2d）肯定H的正面子——"good enough""kindly"；句（2e—2f）留给H足够的拒绝余地等。FTA的强度逐渐下降；礼貌程度不断上升。如果沿此继续"处理"，可以选用下列一句：

（2g）Would you mind me opening the window?

句（2g）的句法结构有所变化，出现了动词分词形式（V-ing），而且更重要的是转移了利益中心，句中增加了人称代词"me"，利益中心从S转到了H。也就是说，这不再是使役、劳驾H开窗，而是征求H同意，S去开窗。H的正面子得到了尊重和维护。类似的话语还有：

（2h）May/Might I open the window?

（2i）Can/Could I open the window?

如果作进一步"补偿"处理，那么，话语就会从"疑问句"变成了"陈述句"，如下列话语：

（3a）I wonder if you would possibly open the window.

（3b）I was wondering if you would mind awfully if I was to ask you to open the window.

（3c）It's a little bit hot in here.

（3d）I'm feeling hot.

这些话语的礼貌、客气的程度比疑问句更高，其原因就在于说话人给听话人留下了更大的拒绝要求的余地和空间，特别是句（3c）和（3d），完全是一种陈述，表面上与开窗毫不相干，看不出是一种要求，充其量是一种暗示。听话人可以轻而易举地予暗示而不顾，没有伤害面子的风险与担心。运用这些话语，说话人最大限度地维护了听话人的负面子，没有或很少干预他的行动自由，同时也最大限度地降低了伤害自己正面子的风险。所以，这些话语所实施的使役行为比上述各话语更为客气和礼貌。

以上我们从社会语用学的角度讨论了三种不同句式的使役行为话语。就话语的言外行为强度而言，用作使役行为的疑问句比祈使句婉转，曲折的陈述句要比疑问句更客气。句式从直截了当的祈使句经疑问句延伸至曲折委婉的陈述句，礼貌程度随着表达方式的逐步曲折委婉而不断升高。从中我们似乎可以看出下列一条规律：

DIRECT ←– –→ INDIRECT

P_0 ←– –→ P_n

"DIRECT"指句式直截了当这一端，如上例（1）；"INDIRECT"指类似上例（3）下面的（3c）和（3d）使役行为话语隐晦曲折一端。"DIRECT"这一端的礼貌指数（P）为"0"（P_0）；"INDIRECT"这一端的礼貌指数增加到"n"（P_n）。双向箭头代表双向运动。上下两式关系表现为：使役行为话语越直截了当，礼貌指数越低；使役行为话语越曲折委婉，礼貌指数越高。

上述三类话语虽然有句式、词汇、时态甚至语调等方面的区别，目的是一致的：要求听话人开窗。不同的句式、词汇、时态、声调从直截了当的使役延伸至委婉曲折的请求，是说话人的种种补偿，降低伤害面子的程度，使要求显得婉转、礼貌，以至于交际得体、和睦和顺利进行。

　　当然，在实际的语言交际过程中，说话人与听话人并不是一味机械地追求礼貌指数，而是根据不同的交际对象、场合、目的等灵活地作出适当的补偿。礼貌和面子观念不仅与语言形式联系紧密，更重要的是同各种社会因素联系在一起。因此，各种使役行为话语的选择都是与交际对象、场合、目的等社会文化各种因素联系在一起的，并且受到它们的影响、制约甚至支配。亲朋好友之间喜用直截了当的要求，不用客套话。情况紧急时，简短明确的命令最管用。初来乍到，对刚认识的同事、上司，请求当然要彬彬有礼，言辞须格外注意。分析使役行为话语、解释不同话语形式所产生的行为效果，能够揭示言语行为对社会交际的影响；讨论使役行为话语、探索不同话语形式背后的制约因素，能够昭示言语行为与社会交际的关系。包括使役行为在内的言语行为的因果关系探讨正是社会语言学所关注的重要课题之一。

思考题

1. 奥斯汀的言语行为理论和瑟尔的言语行为理论主要区别是什么？
2. 奥斯汀的"言外行为"指的是什么？
3. 格赖斯的合作原则和会话准则两者之间的关系是什么？
4. 布朗和莱文森的"FTA理论"与利奇的"礼貌原则理论"有无区别？
5. 利奇等人的礼貌理论是否具有普遍性？

推荐阅读

Austin, J. L. 1975. *How to Do Things with Words* (2nd Edition). Oxford: Oxford University Press.

Brown, P. and S. C. Levinson. 1978. *Politeness: Some Universals in Language Usage*. Cambridge: Cambridge University Press.

Grice, H. Paul. 1975. Logic and Conversation. In P. Cole & J. Morgan (eds.). *Syntax and Semantics*. New York: Academic Press.

Leech, G. 1983. *Principles of Pragmatics*. London & New York: Longman.

Searle, J. 1975. Indirect Speech Acts. In P. Cole & J. Morgan (eds.). *Syntax and Semantics*. New York: Academic Press.

第八讲 语言与称谓

日常生活中，我们如何用语言交际，相互之间如何称呼，这是一个十分有意思的社会语言学现象。在语言交际中，每一门语言都有一个称谓系统。"称谓"反映人们的社会关系、历史传统和文化传统，因此也是我们认识和了解语言与社会互动关系的一个重要窗口。本讲将讨论称呼用语。

第一节 代词称谓

一、T和V

世界上有许多语言有两种形式用于当面称谓的第二人称单数，一种是简式，一种是敬式。下面我们罗列了一些语言：

表8.1　第二人称单数代词的简式与敬式

语言	简式	敬式
拉丁语	Tu	Vos
法语	Tu	Vous
意大利语	Tu	Lei (Voi)
西班牙语	Tu	Usted (Vos)
德语	Du	Sie (Ihr)
英语	Thou	You (Ye)
瑞典语	Du	Ni
俄语	Ty	Vy
意第绪语	Du	Ir
波斯语	To	Soma
巴西葡语	Voce	Voces
汉语	Ni	Nin
日语	Omae/Anta/Kimi/Anata	Anata
丹麦语	Jij	U

由于大多数简式称谓以拉丁字母T开首，敬式以V开首，语言学家把它们统称为"T/V"现象。

从语法层面看，T指代第二人称单数，大多数语言中的V式是从第二人称复数借用过来的，比如法语中的Vous是第二人称复数，而用作面称时，指单数"您"。语言学家赵元任先生认为，汉语中的第二人称单数"您"也是从第二人称复数"你们"发展而来的。德语Sie借用了第三人称复数形式。有些语言的第二人称单数形式要复杂一些，比如有阴阳两性区分的语言，它们还有区分阴阳两性的第二人称称谓。如埃塞俄比亚的提格里尼亚语，T式称谓有表阳性的"nssxa"和表阴性的"nssxi"两个；V式也有表阳性的"nssxum"和表阴性的"nssxn"。日语第二人称代词除简敬、阴阳两性之分之外，还有亲密程度的区别，见表8.2：

表8.2　日语第二人称单数代词

简式		敬式	
亲密		熟悉	
阳性	阴性	阳性	阴性
Omae	Anta	Kimi	Anata	Anata

有些有性属特征的语言还有表中性称谓，如巴西葡萄牙语中的第二人称代词的T式有"você"（中性）、"a senhora"（阴性）和"o senhores"（阳性）；V式有"vocês"（中性）、"as senhoras"（阴性）和"ossenhores"（阳性）。

在印欧语系中，英语在第二人称代词单数称谓语形式的贫乏可能算作一个例外。但是，英语历史上也曾有过简式和敬式的区分。它们是"thou"和"you"。"thou"为T式，"you"为V式。但这是中世纪的英语才有的区别，比如，莎士比亚戏剧里面有明显的体现。如《凡若纳的两位绅士》（*The Two Gentlemen of Verona*）一剧就有777处thou/you的使用，包括它们的屈折变体"ye"和"thee"，"yours"和"thine"，"yourself"和"thyself"以及"your""thine"和"thy"等，其用法与周边其他语言T/V用法基本相符。英语发展到现代，其他形式逐一被you所替代，所以没了T式与V式之区别。

T式和V式的使用体现使用者的社会关系。T表示随意，因此，也称作"随意标志"；V表示庄重，因此，也称作"正式标志"。亲朋好友之间用T互相称呼，不熟悉的陌生人之间用V互相称呼。T/V用法还受到使用者的年龄、地位、场合等因素的制约和影响。年长者用T称呼年轻者，年轻者用V称呼年长者；下属称呼上司用V，上司称呼下属可用T。正式的场合，使用规则需严格遵守；随便的场合T/V规则就不那么严格。民主和开明的社会，T/V规则也变得"开明"，比如，上司也会用V称呼下属，同时也欢迎下属用T称呼自己。但是，在等级观念和意识明显的社会，T/V受称不一的规则执行严格，不可逾越，比如，父辈必定用T称呼晚辈，而晚辈必定用V称呼父辈，两者不可错位。T/V用法不是一成不变的，而是随着时代的变迁和文明的进步而发生变化。英文中"thou"与"you"最终合成"you"，就是一例。微观上，T/V用法也会因人、因事、因地而变化。可见，T/V用法能够反映一个社会的开明程度，体现一个人的社会地位以及整个社会人与人之间的关系、文化传统乃至社会的发展。关于T/V用法的理论探讨，历史悠久，著述颇丰，我们将在本讲第二节里进行详细论述。

二、亲属称谓

亲属称谓分两部分，一部分是表示亲属关系的名称，另一部分是用以会话交流的称呼。称呼用语又分"他称"和"面称"两类。面称亲属用语相当于第二人称代词单数，直接用于称呼对方；他称相当于第三人称代词，用于称呼不在场和在场的第三者。

较早注意到亲属称谓的人类学家摩根认为，亲属称谓反映人际关系的区别，比如兄弟和姐妹：兄弟表示男性，姐妹表示女性。兄与弟和姐与妹又表示年龄大小。又如姐妹与妯娌：姐妹有血缘关系；妯娌表姻亲关系。再如堂表兄弟姐妹：堂兄弟姐妹指的是父系亲属；表兄弟姐妹指的是母系亲属。

摩根还指出，世界各地的亲属称谓并不是千篇一律互相参照的；相反，它们各具特色、各不相同。比如夏威夷的亲属称谓称母亲为"母亲"，称母亲的姐妹"母亲"，称母亲的兄弟为"父亲"；称父亲为"父亲"，称父亲的兄弟"父亲"，称父亲的姐妹"母亲"。因此，无论是母亲那边的兄弟姐妹所生的子女，还是父亲那边的兄弟姐妹所生的子女，统统以"兄弟姐妹"相称。但是，苏丹亲属称谓就有所不同。他们称母亲为"母亲"，称父亲为"父亲"，用不同的称呼称母亲的兄弟姐妹和父亲的兄弟姐妹，分清母系和父系的关系。因此，同辈称呼，母系和父系也泾渭分明。而且，无论是父系还是母系的兄弟和姐妹所生的子女，其称呼也有不同。明确母系姐妹的后代为"母系平行堂表"，母系兄弟姐妹的后代为"母系交叉堂表"。同一个道理，"父系平行堂表"和"父系交叉堂表"。

美洲原住民依洛魁人、克洛人、奥玛哈人的称谓除一些细微差别之外，大致相同，他们称母亲"母亲"，称父亲"父亲"，称母亲的姐妹"母亲"，称父亲的兄弟为"父亲"，称母亲的兄弟为"叔伯",称父亲的姐妹为"姨姑",到这里三个民族的称呼用语是一致的,但到了平辈,就出现了一些差异。与自己的兄弟姐妹和父亲兄弟和母亲姐妹所生的子女以"兄弟姐妹"相称,而依洛魁人用"堂表兄弟姐妹"称呼父亲姐妹和母亲兄弟所生的子女;克洛人用"堂表兄弟姐妹"称呼母亲兄弟所生的子女,但称呼父亲姐妹所生的女儿为"姨姑",称呼她们所生的儿子为"父亲";奥玛哈人用"堂表兄弟姐妹"称呼父亲姐妹所生的子女,称母亲兄弟所生的女儿为"母亲",称呼他们所生的儿子"叔伯"。

英文中的"uncle"译成汉语"叔伯"(其实,这还不够准确,还须包括母系的"舅"这一称谓),"aunt"译成汉语"姨姑",以及"cousin"译成"堂表兄弟姐妹",听起来有点别扭。原因在于英文中的亲属称谓比汉语简单得多。uncle包含了汉语中的叔伯舅三个称呼,aunt包含了姨姑两个称呼,cousin包含的就更多——母系的表兄表弟和表姐表妹以及父系的堂兄堂弟和堂姐堂妹。所以,汉语中的亲属称谓可能是世界上最复杂、关系区分最精密的系统。看下列表格:

表8.3 汉语亲属称谓一(父系)

关系	亲属名称	称呼	英语对比
父亲的父亲	祖父	爷爷	Grandfather
父亲的母亲	祖母	奶奶	Grandmother
父亲的哥哥	伯父	伯伯	Uncle
父亲的哥嫂	伯母	伯娘	Aunt
父亲的弟弟	叔父	叔叔	Uncle
父亲的弟媳	婶母	婶婶	Aunt
父亲的姐姐	姑母	姑妈	Aunt
父亲的姐夫	姑父	姑父	Uncle
父亲的妹妹	姑姐	姑姑	Aunt
父亲的妹夫		姑丈	Uncle
父亲兄弟子(长)	堂兄	哥哥	First cousin
父亲兄弟子(幼)	堂弟	弟弟	First cousin
父亲兄弟儿媳	堂嫂	嫂嫂	First cousin-in-law
父亲兄弟女(长)	堂姐	姐姐	First cousin
父亲兄弟女(幼)	堂妹	妹妹	First cousin
父亲姐妹子(长)	表兄	表哥	First cousin
父亲姐妹子(幼)	表弟	表弟	First cousin
父亲姐妹儿媳	表嫂	表嫂	First cousin-in-law
父亲姐妹女(长)	表姐	表姐	First cousin
父亲姐妹女(幼)	表妹	表妹	First cousin

如果伯父叔父以及姑妈婶婶不止一个，就会用大、二、三、小等加以区分，如"大伯""二伯""三伯""小伯"等。

表8.4　汉语亲属称谓二（母系）

关系	亲属名称	称呼	英语对比
母亲的父亲	外祖父	外公	Grandfather
母亲的母亲	外祖母	外婆	Grandmother
母亲的兄弟	舅父	舅舅	Uncle
母亲兄嫂弟媳	舅母	舅妈	Aunt
母亲的姐姐	姨母	姨妈	Aunt
母亲的妹妹	姨母	阿姨	Aunt
母亲姐妹丈夫	姨夫	姨夫	Uncle
母亲兄弟姐妹子	表兄	表哥	First cousin
母亲兄弟姐妹子	表弟	表弟	First cousin
母亲兄弟姐妹女	表姐	表姐	First cousin
母亲兄弟姐妹女	表妹	表妹	First cousin

表8.5　汉语亲属称谓三（侄子女）

关系	亲属名称	称呼	英语对比
兄弟的儿子	侄子	侄子	Nephew
兄弟的儿媳	侄媳妇		Niece-in-law
兄弟的女儿	侄女		Niece
兄弟女婿	侄女婿		Nephew-in-law
姐妹的儿子	外甥		Nephew
姐妹的女儿	外甥女		Niece

用来直接称呼的名称有缺位的地方通常是直接称呼其名字，如"莉娟""国华"等；有时还会加上亲昵的词，如"小娟""小华"等；还有时会用更加亲热的叠加词或另外起的昵称，如"娟娟""芳芳""咪咪"等。这种情况大多出现于祖辈对晚辈的称呼里。

表8.6 汉语亲属称谓四（孙辈）

关系	亲属名称	称呼	英语对比
儿子的儿子	孙子	孙子	Grandson
儿子的女儿	孙女	孙女	Granddaughter
女儿的儿子	外孙	外孙	Grandson
女儿的女儿	外孙女	外孙女	Granddaughter

上述数表比较精确地反映了汉语亲属称谓的概貌。如果加上方言，这一系统会更加复杂。这些资料所反映的是一个相对静态的概貌，是一个汉民族大家庭的称谓系统。随着家庭结构从四世同堂的大家族到三口之家的小家庭过渡，称谓系统也发生了相应的变化。比如，计划生育政策推行以来，有不少独生子女的下一代称呼祖父辈已开始不分父系母系了，用称呼祖父祖母的"爷爷奶奶"称"外公外婆"。然而，尽管已经开始了简化发展，汉语的亲属称谓系统仍旧是世界上复杂程度无与伦比的系统。对比之下，英语的称谓系统显得十分单一。

亲属称谓一方面反映了社会关系，另一方面为社会关系需要所制约。汉语称谓系统的丰富与复杂是由汉民族四世同堂的大家庭组织形式所决定的。这样的大家庭构建了复杂的家庭成员之间的关系，而这些关系必须加以明确的界定——称谓就是用来明确界定这些关系的名称。这就是称谓的社会功能。美洲原住民有些部落把父母亲的兄弟姐妹统称为"父亲"和"母亲"，甚至把一些堂表兄弟姐妹也称作父亲和母亲，其社会功能是避免至亲婚姻。世界上有不少民族是这样做的。汉民族如此不厌其烦地精分细缕亲属关系并明确命名，其中主要原因之一可能就是为了避免近亲繁衍。

三、其他称谓

汉语称谓有一种"泛化"现象，即亲属称谓用以非亲属。比如"叔叔""阿姨""爷爷""奶奶"等等。几乎所有用于面称的称谓都可以泛化以称呼非亲属的陌生人和熟人。东北人好客豪爽，与人交往时称兄道弟，"大哥""大姐"挂在嘴边。好礼的南方父母教导孩子称呼年长的邻居乃至萍水相逢的路人为"叔叔""阿姨""伯伯""爷爷""奶奶"。"解放军叔叔""警察叔叔""营业员阿姨""坐台小妹""快递小哥"等已成为耳熟能详的称谓。我们称赵本山为"本山大叔",称周星驰为"星爷",称范冰冰"范爷",称李宇春"春哥",等等。近来坊间还把习近平称作"习大大"、彭丽媛为"彭妈妈"。这一泛化现象从古至今都有。《三国演义》里,刘备、关羽、张飞桃园三结义,彼此称兄道弟。《水浒传》里的宋江是水泊梁山众兄弟姊妹的"大哥"。《金瓶梅》里的西门庆擅长寻花问柳,他常常把锁定的对象称作"大姐"。《红楼梦》中的刘姥姥首次进大观园迷了路,询问过路稚童,称呼用的是"大爷"。这一亲属称谓的泛化常态不仅在汉文化里司空见惯,在其他文化中也不少见。比如,西方基督教文化里,基督被奉为"圣子",但教众称他为"圣父",称玛丽亚为"圣母",而且,还称牧师为"Father"。文学作品《教父》中的意大利黑帮头子被称为"Godfather"。美利坚合众国的缔造者被称为"Founding Fathers"。美国内战时期有一本著名的小说《汤姆大叔的小屋》,主人公黑人汤姆被称为"Uncle Tom"。可见,亲属称谓的泛化不是个别文化独有的现象,而是一个普遍现象。

更有意义的也许是亲属称谓泛化的形式走向。我们称范冰冰"范爷",不可能称她为"范孙",不可能称周星驰为"星孙",也不大可能称李宇春为"春弟"。我们似乎可以在这里面看到一条明显的规律:称大不称小。"爷孙"取"爷"不取"孙";"哥弟"取"哥"不取"弟"。这个"大"与"小"是相对称呼人的年龄而言的。称呼对方总是取比自己年长的称谓,而不会取比自己年幼的称谓。我们称赵本山为"本山大叔",因为"叔"原义表父亲的弟弟,自然比自己年长。称他为"本山大伯"不会错,大伯原义为父亲的哥哥。称他"本山大哥"也可以,但称他为"本山老弟",就显得过分随便,因为,虽然用了"老"字作为"补偿",弟毕竟比称呼人年幼。如果称他为"本山小弟",那是万万不可以的,只有赵本山本人称呼自己才行。

为什么亲属称谓泛化形式的具体走向是"取长不取幼"呢?这是由社会的意识形态所决定的。中国文化核心价值观之一是"孝顺",是年幼者对年长者尊重和顺从。同时孝顺又是一种礼貌。亲属称谓的泛化实际上反映了亲属关系向非亲属关系的延伸。因此,当亲属称谓泛化为非亲属之间的称呼时,亲属关系中的孝顺价值观泛化成普遍人际关系中礼貌价值观。当然,人们的价值观会随时代变迁而变化,同时还会因人因地因时而各异。所以,作为长者的刘姥姥,称呼一位可以为她孙辈的孩子为"大爷",体现了极强的"孝悌"文化。以往的大家庭,男尊女卑,最年长的男人为核心,被称为"老爷",其子被称为"少爷",尽管这位"少爷"还只有几个月大,他还是"爷"。这是中国文化孝悌价值观的体现。所以,"范爷""星爷"以及刘姥姥的"大爷"就可以理解了。

赵本山可以称自己"本山小弟"而不可能受称"本山小弟"。这一"自贬"和"他褒",即"称他大"和"称己小"的现象印证了"礼貌准则"中的"赞许准则"和"谦虚准则"。利奇的赞许准则认为:尽量加大对对方的赞许;尽量减小对对方的批评。他的谦虚准则认为:尽量减小对我方的赞扬;尽量加大对我方的批评。"本山小弟"为本山本人所称,体现谦虚:减小对自己的赞扬,加大对自己的批评;"本山小弟"被他人用来称呼赵本山,那就背离了赞许准则:加大而不是减小了对他人的批评。所以,前者是礼貌客气的,后者是粗鲁唐突的。这一例子同样可以用布朗和莱文森的面子理论来解释。赵本山称自己为"小弟",实际上就是称对方为"大哥",维护了对方的正面子。对方称赵本山为"大爷""大叔""大哥"是给本山面子,同样维护了他自己的正面子,所以这样的称呼是有礼貌的。如果对方用"本山小弟"的话,那么,这样伤害了本山的正面子,是不礼貌的。

汉语称谓自贬现象十分丰富,古时候人们普遍使用"鄙人""小人""下人"或"小的"称自己,用"大人"称别人。官场里无论职位高低,用"下官"称自己,用"大人"称他人。连皇上也称自己为"寡人"。中国古代讲究"以德治国"和"以德配天",就是说君主、诸侯王的权位是上天赋予的,但上天只会把天下给有德之人。皇帝称自己是"寡人"是自谦为在道德上有不足的人,所谓"寡德之人"。皇帝受称"陛下","陛"指帝王宫殿的台阶,而"陛下"原来指的是站在台阶下的侍者。臣子向皇帝进言,不能直呼天子,必须先呼台下的侍者而转告给皇帝。可见下臣对皇帝有何等的尊敬。古代社会普通百姓自贬自谦也很普遍,称自己的儿子为"犬子",称自己的妻子"贱内",称自己的文章"拙作",等等。相反,称他人的儿子为"公子",称他人的妻子为"贵人",称他人的作品为"大作"。虽然时过境迁,社会发展到今天,帝王将相已不复存在,称谓也发生了重大变化,但自贬和他褒的现象仍旧经久不衰。上述亲属称谓泛化"取大舍小"便是典型的例子。亲属称谓之外称谓也有泛化现象。比如，"学生"对"先生"。人们用"学生"自称，以"先生"或"老师"称呼他人。把他人当作自己的先生和老师的同时，把自己贬为他人的学生，表示对他人的尊敬。

"先生"这一个称呼在中国经历了一个有趣的发展过程。这个称呼由来已久，但不同时期有不同的意义。《论语·为证》："有酒食，先生？"意思是，有酒肴，就孝敬了父兄。所以这里的"先生"是指父兄长辈。《孟子》："先生何出此言也。"这里的"先生"是指长辈而有学问的人。战国时代的《国策》中"先生坐，何至于此"的"先生"是有德性的长辈。可见，"先生"原义是"先生之人"，是长辈，而且是德高望重之人。因此，在古代"先生"主要是用来称呼老师的，如《曲礼》中"从于先生，不越礼而与人言"的"先生"可能就是这一意思。

由于以前的老师大部分是由男性来担任，因此，"先生"逐渐演变成了对知识分子和有一定身份的成年男子的尊称。但到了现代，一些有知识、有名望的女性也被称为"先生"，比如，鲁迅称许广平为"先生"，我们称宋庆龄、杨绛、冰心、丁玲等杰出女性为"先生"。

其实当我们用"先生"称呼有知识或有名望的男性或女性时，"先生"这一称谓已经在原来的基础上开始泛化了。清末民初，中国国门渐开，西学渐入，受"ladies and gentlemen"以及"Mr." "Ms." "Miss"等英文称呼的影响，"先生"这一称呼开始用以泛指成年男性，而且在"先生"之前加上姓，如"王先生" "李先生" "张先生"等，与"Mr. Smith" "Mr. Johnson"等相对应。这一泛化在城市，尤其是在那些洋人多有出没的沿海大城市比较普遍。1949年建国后，"先生" "女士" "小姐"此类有"资产阶级"之嫌的称呼一度淡化。20世纪70年代中期"文革"结束，国家开始实施改革开放政策，"先生"等称呼又开始在率先开放的沿海城市抬头，到20世纪80年代，几乎所有男性均可称"先生"。然而，这一男性普遍的泛称在经济快速发展、富人层出不穷的当下被"老板"所替代。"先生"这一称呼回到原来的"德高望重" "有知识"的老师或知识男性位置，间或也被妻子用来称呼（他称）自己的丈夫，如："我先生是老师"；"她先生是经理"；"你的先生是干什么的？"；等等。

"小姐"这一称呼的起伏兴衰更具戏剧性。大概也是在清末民初，也是因为英语称呼"Miss"的传入，与"先生" "女士"一道被沿海城市的时髦男女用来称呼年轻女性，尤其是那些高雅、漂亮、年轻的知识女性。1949年以后，这一称呼也被人们抛入冷宫。改革开放后，"小姐"重见天日，并进一步泛化成对一般年轻女性的称呼，甚至包括餐馆的女性招待员。但由于更多女招待，包括公司年轻漂亮的公关女性、娱乐场所的坐台吧女，甚至出卖色相的年轻女郎均被称作"小姐"，于是"小姐"因"染上"了负面意义而被淘汰。当下餐饮场所年轻女招待开始被称作"小妹"，而非"小姐"。

"同志"这一称呼的兴衰起伏与"小姐"有点相似。顾名思义，"同志"乃"志同道合之人"，这一称呼的兴起与"革命"有关。孙中山领导辛亥革命有句名言："革命尚未成功，同志仍需努力。""同志"普遍用以称呼参加革命的男女老少。共产党领导的新民主主义革命和社会主义革命把"同志"这个称呼推向了顶峰。如果一位来自内地、进入延安革命根据地的知识青年首次听到上级领导用"同志"来称呼时，他或她会激动得热泪盈眶。1949年建国之后，"同志"这一称呼开始泛化成所有人的称呼："营业员同志""解放军同志""警察同志""服务员同志""工人同志""农民同志"，等等。各行各业、各色人等——熟悉的、陌生的、亲密的——统统都是"同志"。大概就是因为"同志"的普遍泛化，使"先生""女士""小姐"以及一度普遍使用的"师傅"等泛称几乎销声匿迹。改革开放以后，"同志"开始弱化，被"先生""小姐""师傅"以及后来的"老板"所替代。大概是在20世纪80年代，不知为何"同志"与同性恋挂上了钩，这一称呼就不再那么普遍了，仅集中在一些专门的人群和比较正式的场合，如国家和政府党政干部会议等，再也没有1949年至"文革"结束前那样的"盛况"了。不过近来，"同志"似乎有回来的势头。2016年春晚，以及各省市卫视上演的小品、相声里面，"同志"出现的频率比以往高。"同志"这一称呼是否会再次流行，我们拭目以待。

第二节　理论研究

称谓大概由于反映人类社会的动态关系的缘故，很早就为人注意，比如上面我们提到的美国人类学家摩根。他对美洲原住民若干部落的称谓用语进行了比较深入的研究，归纳和罗列了若干典型的类别。而从社会语言学角度探讨称谓问题的研究始于20世纪50年代末与60年代初，一直到今天。其中最为经典的是布朗与吉尔曼、欧文—特里普以及布劳恩的研究。布朗和吉尔曼提出了著名的"权力与亲疏"理论，欧文—特里普提出了研究亲属称谓的方法论，布劳恩首次比较全面地梳理和比较了各种语言的称谓系统。他们的研究为我们深刻理解和把握并进一步探讨称谓的本质特征和社会功能提供了理论基础和实践参照。

一、第二人称代词研究

说到"称谓理论"，我们无法绕过布朗和他的同事吉尔曼以及福特在20世纪50年代末60年初发表的三篇文章。文章一经发表，就被研究称谓的学者反复引用。直至今日，我们要讨论称谓问题，首先想到的是他们。可以说，布朗、吉尔曼、福特是称谓社会语言学研究的先驱，他们的理论成为这一话题研究的基础。

布朗和吉尔曼合作的第一篇文章是《谁称呼谁"T"》。文章讨论了部分欧洲语言中代词称谓"礼貌"与"熟悉"形式的区别。首先，他们注意到，公元4世纪人们开始用第二人称代词的复数Vous来称呼罗马皇帝，随着这一用法的传播，用作面称的第二人称代词开始单、复数形式并行发展。两者的使用出现两个区别：纵向和横向。纵向上，表示礼貌的第二人称代词复数形式用于称呼社会地位或身份高的人，表示熟悉的第二人称代词单数形式用于称呼社会地位低的人。称呼与受称"不对称"，称呼他人用的代词和接受他人称呼的代词不同，而且不可置换；横向上，表示礼貌的第二人称代词复数形式用于称呼社会关系疏远的人；表示熟悉的第二人称代词单数形式用于称呼社会关系亲近的人，称呼与受称互相对称。布朗与吉尔曼观察了法语中这两个用法，指出，在等级森严的法兰西社会，这两个用法泾渭分明，第一用法严格不对称。当代法国民主意识强烈，体现不对称、不平等的第一种用法开始式微，相互对称以示平等的第二用法日渐普遍。欧洲其他语言，比如英语、德语、意大利语等，变化和发展模式基本相似。

布朗与吉尔曼合作的第二篇文章是《权力与亲疏之代词》。在这篇文章中，布朗与吉尔曼全面系统地提出了著名的"权力与亲疏"的理论。首先，他们把表示"熟悉"的第二人称代词单数形式归纳为T

式，把表示礼貌的第二人称代词复数形式归纳为V式。然后，与第一篇文章一样，他们先从罗马帝国时期开始，讨论T/V用法的区别。他们指出：中世纪的T/V用法由"权力关系"支配，位高权重之人受称V，身份低下之人受称T，不对称是那一时期普遍现象。上层阶级内部，人们用V互相称呼；平民百姓与劳苦大众用T相互称呼。T/V由此而体现当时的社会结构与权力关系，直至19世纪。后来确定选用T还是V的因素除"权力关系"之外，还有其他的因素，比如交流者双方是否有共同点等——有就选用T，没有就选V。布朗与吉尔曼把这一层关系叫做"亲疏关系"或"一致关系"。关系亲近，用T互相称呼；关系疏远用V相互称呼，形成两组对称置换的称呼形式。这就是著名的权力与亲疏（一致）理论。

布朗与吉尔曼认为，一个社会是否平等，可以通过T/V使用情况来加以观察。体现权力关系的T/V不对称用法多，而体现一致关系的T/V对称用法少，这个社会平等程度比较低；相反，体现权利关系的T/V不对称使用少，而体现亲疏关系T/V对称使用多，这个社会的平等程度就比较高。意识形态也是一个因重要因素，法国大革命时期，革命者统统使用对称的T相互称呼，就好像我国的民主革命与新民主革命时期志同道合的革命者都用"同志"互相称呼一样。布朗与吉尔曼还注意到了对称T与对称V的相互变动现象：陌生人相遇，自然用V互称；随着彼此熟悉程度的加强，他们便开始用T来互相称呼对方了。

二、称呼用语研究

布朗与福特合作的第三篇文章《美国英语中的称谓》讨论了美国英语中的称呼用语，主要是"名"（First Name，缩写为FN）和"头衔＋姓"（Titles+Last Name，缩写为TLN）。布朗与福特观察了波士顿一家公司员工FN/TLN使用情况，对部分员工进行了访谈，记录下他们的对话，并对若干部美国戏剧中人物使用FN/TLN的情况进行研究。他们发现，在大多数情况下，FN是对称的，双方用FN相互称呼而TLN只是在交流双方刚开始认识时用一下。所以，社会关系的亲密与否决定了是用FN还是用TLN来称呼对方：关系熟悉便用对称的FN，关系不熟就用对称的TLN互称。FN/LTN不对称称呼在年龄职业地位或悬殊的情况下才会出现。光有头衔T，"Madam"（女士）"Sir"（先生）"Miss"（小姐）等要比TLN更富敬意；LN居FN与TLN中间；最亲密的是其他名字MN（Multiple Names），如昵称等。

除布朗、吉尔曼和福特之外，还有一位经常被引用的称谓研究学者是欧文—特里普。与他们三位相比，欧文—特里普算不上是称谓社会语言学研究的先驱，但凡是研究与讨论称谓问题的著作或论文几乎都会参考她的文章。欧文—特里普对称谓进行过较为深入的研究，但最主要的贡献是她的称谓系统研究的方法，具体体现在她的一篇题为《社会语言学规则：选择与同生》的文章。欧文—特里普认为，用FN还是TLN以及T或V称呼他人，是一项选择，受多种社会因素制约或支配。她在布朗和福特研究美国英语FN/TLN的基础上，制作了一个类似计算机流程图一样的图表，把选择以及制约选择的社会因素以图标的形式表示出来。比如，她为T/V选择设置的流程图，起点是称呼人（Ego），终端设两个：一个是T，表示受称T；另一端为V，表示受称V。从起点到终端有若干站点，每个站点是一个社会因素，比如年龄、地位标志语境、亲属等，每一站点分两条路径，一条标"+"；一条标"–"（"+"号表示"是"，"–"表示"否"）。比如，"Adult+"表示称呼人已成年，"Adult–表示"称呼人未成年。然后，无论是否，都进入下一个站点，一直到达终点。

虽然流程图显得有些机械，但给人以一目了然的感觉，制约和支配称呼人选择的各种社会因素一应俱全。欧文—特里普的流程图不仅适用于她在文章中所讨论的意第绪语、波多黎各西班牙语和19世纪的俄语以及其他一些亚洲语言，而且也适用于其他语言T/V使用情况的讨论。因此，欧文—特里普的贡献主要是她提出了一个研究称谓社会语言学的重要方法。

三、综合比较研究

称谓社会语言学多样和综合研究中，比较突出的是布劳恩等人的研究。布劳恩于1988年出版了一部题为《称呼用语：世界语言与文化中称谓的用法与模式》的专著，系"自然语言的社会结构：称谓行为"项目的最终成果之一。项目组调查了阿拉伯语、汉语、达里语、爱尔兰英语、豪萨语、希伯来语等30种语言。布劳恩的研究有下列几个特点：

1. 语种多样

布劳恩他们所从事的项目研究，包罗了30种语言，语言种类对一个项目而言确实可以算作很多了。虽然她在书名里没有放上"world"这一形容词，但是这30种语言具有足够的代表性，世界各地的语言都有——有欧洲语言，有亚洲语言，有美洲语言，也有非洲语言；有人口庞大的语言（如汉语），有语言人口中等的语言（如俄语），也有人口不多的语言（如契维语）。探讨这些语言的称谓使用情况，几乎可以看作是在探讨世界语言称谓使用的情况。

2. 范围广泛

布劳恩他们的项目所调查的称谓使用情况的范围要比布朗及欧文—特里普等人的广泛。比如，关于葡萄牙语称谓使用情况的调查，包括了家人之间的称呼、邻居之间的称呼、大学里的称呼、陌生人之间的称呼、对上帝的称呼、对动物的称呼等。他们还对葡萄牙语称谓语的两种形式——"固定式"和"自由式"，以及它们的历史发展和现状及变化进行了调查。范围明显要比布朗他们的广泛得多。

3. 视角新颖

布劳恩他们考察与研究称谓系统采用了新的视角。他们在批判了布朗与吉尔曼"权力与亲疏"理论的基础上，引进了"礼貌"理论。他们认为，布朗和吉尔曼的权力与亲疏理论具有理想化色彩，能够解释一些现象，但不能够解释所有现象，尤其是提倡平等的现代社会里礼貌成为称谓使用的一个重要因素，所以，原有的解释称谓的理论框架必须加以拓宽。布劳恩等人主要引入了礼貌理论，并对礼貌进行重新定义，纳入了"礼貌歧义""礼貌形式非礼貌应用""非礼貌形式的礼貌应用""规避方式"等概念，探讨了是什么使得语言表达有礼貌、人们为何要使用礼貌语言等问题。

4. 方法多元

布劳恩他们考察和探讨各种语言与文化种称谓使用情况，采用了多种方法。问卷调查是传统的方法，他们并不拘泥于这一方法。在这基础上，他们进行了大范围的访谈，以此来充实问卷调查所得到的资料，有的访谈时间长达2—10小时。他们还采用历史研究的方法，通过文献与资料的搜索与梳理，勾勒出了有些语言称谓系统发展变化的历史以及目前的现状。他们不拘一格、多元并用的研究方法为后人的研究提供了方法论方面的有益指导和实用参考。

布劳恩之后的称谓研究，综合来说，内容与范围丰富广泛，理论与方法不拘一格是明显的特征。比如，卢贝卡的《英语、法语与波兰语称谓用语的社会语言学研究》，研究对象为英语、法语与波兰三种语言中的称谓使用情况，视角与方法是综合与对比。又如，蒂吉的《希腊称谓用语：从希罗多德到卢西恩》，在研读自希罗多德到卢西恩时期25位散文作家的作品基础上，自建以11,891个称呼使用实例为基础的语料库，采用社会语言学的方法与技巧，对这些实例进行了分析和讨论，解决了许多长久以来未能解决的问题。无论是方法与视角，还是研究对象，不可谓不新颖。再如最近面世的汉格诺的《罗马尼亚称谓用语及其社会意义与交际功能》，调查了罗马尼亚语称谓的社会意义和交际功能。研究发现，罗马尼亚语称谓系统有一个由四个层次以及三个社会关系构成的等级结构。四个层次为"随意""中性""正规"和"非常正规"；三个社会关系为"中性""亲疏"和"权力"。研究的语料包括来自日常生活的口语和文学作品中的书面语。研究所涉及的范围包括姓名、头衔、亲属称谓、人称代词、爱称以及辱称等。其研究的范围和内容都比较广泛和丰富，也有一定的深度。关于汉语称谓的研究，除早期赵元任先生的一些探索和后来一些零星的成果之外，新加坡南洋理工大学社会语言学者李王松梅2000年出版的《中国文化中的礼貌与面子》可以算作是一项比较全面的研究。她选择了中国文化中的礼貌和面子作为研究对象，以言语行为、会话含义、礼貌面子以及跨文化语用学基本理论为研究的理论基础，采用访谈、问卷、参与者观察、话语填充测试等方法，对中国文化中的礼貌与面子的语言表达进行比较全面和深入的研究。其中专门辟出一章讨论称谓，研讨了包括头衔、姓名、亲属称谓、人称代词以及若干典型的泛化称呼，如"同志""小姐""师傅""朋友"等，观察比较细致，结论也比较可信。

第三节　个案分析：北京话里的NI和NIN

一、实地调查

根据赵元任先生"汉语中T/V现象主要集中于北京方言口语"的结论，我们对"您"和"你"在北京方言口语中的使用情况作了一些初步的实地调查。

调查采用了问卷调查和访谈两种方法。共发放问卷520份，收回有效问卷491份。采访交谈人次达36。

问卷包括类似下列选择题：当称呼祖父母时：（1）肯定用"你"；（2）肯定用"您"；（3）通常用"你"；（4）通常用"您"；（5）"你"、"您"兼用。

选择题共有28道，涉及家庭、亲属、社团关系以及简单的话语场合等社会各因素。家庭、亲属关系有祖父母—孙女儿，父母—儿女，伯、叔、舅、姑、婶、姨—侄，甥儿女以及兄弟姐妹，堂表兄弟姐妹之间的关系。社团关系包括上下级、师生、师徒以及邻里同事之间的关系。话语场合包括正式与非正式等因素。除上述这些因素外，问卷还涉及被测试者的年龄、性别、职业、文化程度以及籍贯，尤其是否为旗人后裔等。

调查分三个阶段进行。首先对就读于北京外国语学院夜大的两百多名学生进行了调查。这次调查数量上得到了保障。但年龄幅度不够宽泛，大致集中在20—40岁之间，而且将近一半人是第一代北京人，即他们的父母亲是从外地迁入北京的居民。为弥补这一不足，进行了第二阶段调查，分别在北京外国语学院研究生家长、邻居以及北京海淀区部分居民中，选择了三组年龄不同的北京人，进行问卷测试。为了解旗人后裔中间T/V使用情况，又进行了第三阶段调查。在北京海淀厂区派出所有关同志的协助下，在该区的旗人居住区进行了实地采访，同时选择了三组年龄不同的人员进行了测试，经过一系列的调查访谈，可以大致勾勒出北京方言口语中T/V现象的现状和使用规律。

二、调查数据

为扼要地陈述调查结果，下面将结果列入两张图表，进行说明：图8.1有一进口和三根主轴，中轴标有V，指受称V（您），上下二轴标有T，表示受称T式（你），图中标有文字的12个图形表示12种社会语言学因素（sociolinguistic factors），图形旁标有"+"和"–"符号，分别表示"是"与"否"。进口第一图形中标有的文字是"成年"。"–成年"指儿童，儿童受称T，"+成年"进入"正式语境"。这一项表示社会地位不同的人在不同的社交场景里受称不同。如：父亲因公找当厂长的儿子。儿子在办公室，周围有不少同事，父亲一般会选择V式称呼儿子。在非正式语境（-正式语境）中交际，"亲属关系"起作用，如"+"，列入"家庭"这一项；如"-"，就得考虑是否"亲近"或是否"一致"（solidarity）。没有亲密关系的，如陌生人，受称V。有亲密关系的要考虑"身份"，有身份者（指有一定权势的受称者）一般受称V；无特殊身份的，年长者一般受称V，年少者（-年长）受称T。再回到"家庭"这一项。"+家庭"表示家庭成员之间的关系，"-家庭"指其他亲属关系。如果"+家庭"，辈分起作用。"+长辈"受称V，同辈（"-长辈"）还需年龄而定。年长者一般受称V式，晚辈中年少者受称T。在同龄、同辈中间还有关系亲疏程度这一因素。较亲密的一般以T式互称；关系较疏远的，如不常见的堂表兄弟姊妹之间，常用V式互称。

图8.1 北京话T/V称呼流程

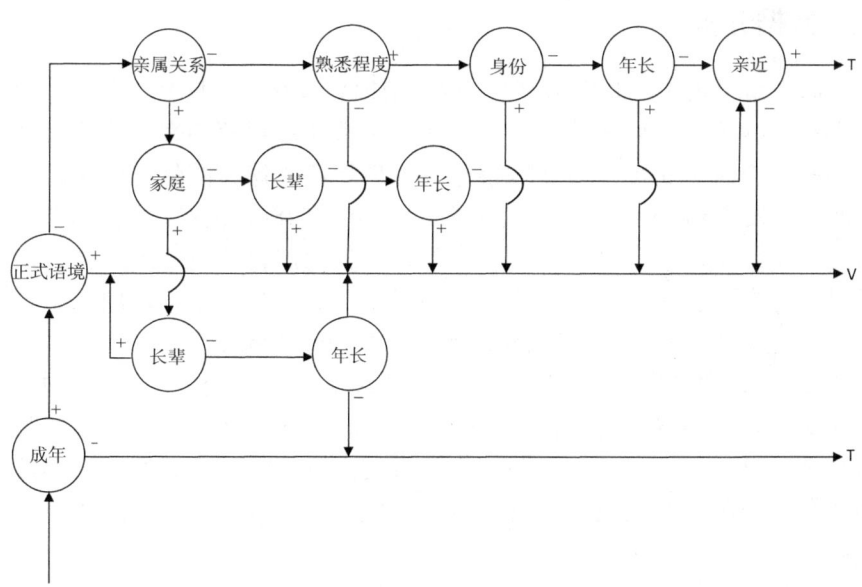

为讨论旗人后裔和北京人之间的T↔V用法区别，我们选择了四项比较典型的家庭与社团关系。同时区分了年龄，有目的地组成了三个层次，看它们的发展趋势。

表8.7　北京人与旗人后裔T/V称呼区别

籍贯	关系称呼形式 年龄	父母↔儿女			兄姐↔弟妹			教师↔学生			领导↔群众		
		V⇌T	V⇌V	T⇌T	V⇌T	V⇌V	T⇌T	V⇌T	V⇌V	T⇌T	V⇌T	V⇌V	T⇌T
北京人	55—70	20	0	0	14	0	6	16	4	0	19	1	0
	40—55	20	0	0	10	0	10	8	10	2	15	3	0
	25—40	17	0	3	0	0	20	4	5	11	0	14	6
	合计	57	0	3	24	0	36	28	19	13	34	18	6
旗人后裔	55—70	20	0	0	18	0	2	19	1	0	20	0	0
	40—55	20	0	0	16	0	4	17	2	1	19	1	0
	25—40	19	0	1	4	0	16	6	6	8	0	20	0
	合计	59	0	1	38	0	22	42	9	9	39	21	0

表8.7中的双向箭头指双向称呼，如：V↔T指前者受称V，用T称呼他人；后者受称T，用V称呼对方。

三、数据分析

调查结果表明，北京话里T/V现象依旧普遍存在。只要在北京市的街头巷尾静听一下居民的交谈，或在商店里注意观察顾客与营业员之间的言语交流，就可以清楚地察觉到"你"和"您"的使用区别。这次调查共发出500多份问卷，收回的有效卷中有486份清楚地显示了T/V用法的使用规律。在采访过程中发现，这种用法仍在进一步社会化，仍旧有许多家长自觉不自觉地教育孩子用"您"称呼长辈，用"您"称呼陌生人等。因此，T/V现象在北京话里仍旧普遍存在。

北京话里T/V用法非常有规律，其T式或V式的选择，受到多种社会的或交际的因素制约。社会地位、年龄、辈分、亲疏程度以及交际的场合、目的、内容、方式乃至交际者的态度等多种因素对这一用法都会产生作用。归纳起来，有三方面的关系：交际关系、亲疏关系和权势关系。

交际关系指人们在交际过程中形成的临时关系，涉及因素比较多，包括交际方式、交际目的、交际内容、交际场合以及交际者的态度等。交际关系在北京话T/V现象中起着很重要的制约作用。一个成年人的受称形式，首先要看他或她的交际场合，其他各因素在这以后制约受称形式。如果在"正式语境"中，受称人社会地位高于称呼人，一般受称V式；如果在非正式语境中，再考虑其他类似家庭、亲属等关系。访谈过程中，我们发现，交际内容与目的以及交际者的态度对T/V选择制约作用也很大。有些北京人告诉我们，在家庭里，父母与儿女谈论严肃的话题时，一般不会违反T/V用法常规，即V↔T式，但在开玩笑时，有时也会产生V↔V、T↔T式，甚至T↔V式。还有一些父母亲对孩子生气，用话来挖苦、讽刺儿女时，时常采用V式称呼子女。交际关系虽然往往随交际形式、内容、目的，以及交际者态度变化而变化，但对T/V形式的选择影响和制约是很大的。

影响北京话T/V选择的第二个因素是"亲疏关系"。亲密关系包括兄弟姊妹、同乡同事、同学战友，以及同一阶层、同一政治观点、同一职业活动、同一兴趣爱好、同一活动范围等。这种一致关系在运用语言过程中一般会得到程度不同的体现，影响和制约交际者选择语言单位。北京话T/V现象中最明显的例子是同学之间T/V使用情况。同学之间一般不用V↔T式，也不用V↔V式，而是用T↔T式互相称呼。这是因为V式一般表示尊敬对方，而表示尊敬的同时，又表达了疏远的意义，即所谓的"敬而远之"。然而，T式则表示随便和亲热。因此，在亲疏关系为主导的交际圈里，V式表示疏远，T式表示亲近。在访谈过程中，有不少北京人告诉我们说，北京青年谈恋爱，起初用V式互称，关系进展后，换用T式互称。如果一方故意疏远对方，谈话中V式称呼会逐步增多。完全用V式时，他们的关系就回到了起点。在类似街坊小帮派的言语交际里，T式还用来作为帮派成员认可的符号，而V式则是一种排外的信号。

对北京话T/V选择制约作用最大的、涉及面最广的要数"权势关系"。常见的权势关系有上下级、师生师徒、父母子女等关系。这一因素对北京话T/V用法起着决定性的制约作用。这一情况在家庭里特别明显。家庭长者一般都用T式称呼晚辈，而晚辈只能用V式称呼父母。如果哪一位子女用"你"来称呼父母亲，那么他或她就违反了常规，传递了与父母关系紧张的信息。父母亲也许会认为子女对他们有意见，或者甚至认为子女大逆不道而勃然大怒。另一方面，如果父母亲用V式称呼子女，也是违反常规的。除一些比较开明随意的家庭之外，一般也传递了他们与子女关系不正常的信息。在多数情况下，父母用V式称呼子女表示讽刺。由此可见，家庭关系中，尤其是长辈与晚辈之间，T/V的基本形式是非对称性形式V↔T式。

总结归纳一下，影响、制约北京话T/V选择的三个方面的关系，权势关系起最重要的作用，由于这一关系的制约，形成了T/V用法的基本模式，无论是在家庭还是社会交流场合，人们一般首先自觉或不自觉地考虑对方的年龄、身份等权势关系范畴的因素，然后选择T/V形式。

思考题

1. 第二人称代词尊称形式一般是从哪儿演变过来的？
2. 尊称式微、简称强化主要原因是什么？
3. 亲属称谓繁简说明了什么？
4. 如何理解近来网络流行的"亲"这一称呼？
5. 普通话里的"您"和北京话里的"您"有何区别？

推荐阅读

Braun, F. 1988. *Terms of Address: Problems of Patterns and Usage in Various Languages and Cultures.* Berlin & New York: Mouton de Gruyter.

Dickey, E. 1996. *Greek Forms of Address: From Herodotus to Lucian.* Gloucestershire: Clarendon Press.

Ervin-Tripp, S. 1972. Sociolinguistic Rules of Address. In J. B. Pride & J. Holmes (eds.). *Sociolinguistics: Selected Readings.* Harmondsworth: Penguin Books. 225–240.

Lee-Wong, S. M. 2000. *Politeness and Face in Chinese Culture.* Frankfurt am Main: Peter Lang GmbH.

Sonnenhauser, B. and P. Noel. 2013. *Vocative! Addressing Between System and Performance.* Berlin & New York: Mouton de Gruyter.

第九讲 社会语言学方法论

第一节 提出问题

对一个初学社会语言学的学生来说,首先遇到的问题是"问题"。开始研究社会语言学,就必须提出问题。什么样的问题需要什么样的数据或语料,也需要什么的研究方法。有了问题,才能找数据和语料,才能确定研究的基本方法;有了问题,也才能知道要做什么。所以讨论社会语言学的方法论,首先要解决的是怎样提出问题。

一、历史问题

尽管社会语言学所关注的问题很多,但大多数问题是历史问题。我们在第一讲里面已经提到,具有重大影响的美国社会语言学兴于20世纪60年代。它的兴起不是毫无根据的,而是在古典方言学、人类学、社会学以及现代语言学基础上发展而来的。早期的社会语言学家所关注的问题来源于这些方面。比如,他们曾经为"非洲裔美国地方英语"源自英国英语还是非洲英语展开过争论。他们所依赖的主要是大量的调查结果和定量分析研究。以拉博夫为首的"变体语言学家"同样使用这些结果来讨论。

自20世纪60年代起,社会语言学家所关注的主要是关于"语言变体"的问题。变体问题是一个历史问题,传统的方言学研究变体,历史比较语言学通过变体的研究区分语系和语属。但是,在社会语言学家那里,这个历史问题得到了更新和拓展。比如,拉博夫研究了城市方言模式,探讨了语言变体与社会因素之间的互动,革新了传统方言学注重乡村方言和社会学注重社会因素之间互动的研究传统。受拉博夫的影响,社会语言学家开始注意收集所有语言群体都有地方语言变体模式以及它们是人脑的系统产物的证据。时至今日,这些问题已经发展成语言学所关注的重要问题。语言变体通常会受到不止一个而是多个语言因素和社会因素的影响。多重因素影响语言变体是一个常态。当我们注意到以往语料所显示的趋势时，我们就可以预见未来发展的趋势。这是当今社会语言学家达成的两个共识。在这两个共识的前提之下，新的问题便衍生了出来。比如，影响变体模式的因素有很多，那么，哪一个因素最重要？波斯塔勒和达西对引用他人语录的两个变体"say"和"they be like"进行了研究，发现影响变体模式的因素有"语法主语的类型""动词时态""发话人的性别"以及发话人所在语言社区的各种因素，而发话人的性别是其重要因素。事实证明，不是所有社区都会遵循某种模式，但是语言变体也不是随意的，模式就在那里，需要我们去寻找。

顾名思义，变体语言学是研究变体的语言学。但是变体并不是一个封闭的系统。它有自身丰富的内涵和与其他学科相交广阔的外延。研究对象可以不同。比如：用研究声形语言的方法和理论去研究手势语是否适用？适用程度如何？是否需要进行调整？调整幅度又有多大？针对一些研究很少的变体（比如语用变体），目前有人提出了"变体语用学"，把变体语言学的外延扩展至语用学，使社会语言学与语用学交叉，研究语言内部的变异。

综上所述，社会语言学的历史问题本身（如语言变体研究这一传统课题）为我们提供了宽阔的研究空间，让我们去提出问题，寻找和探索它们的答案。

二、现实问题

在社会语言学的传统研究里面，不是所有的语言学家都把语言变体的研究聚焦在社会因素上——社会因素的考虑仅仅用于解释变体模式。另外有许多语言学家把关注的焦点置于社会现实本身。他们通过认识语言变体去了解和解释社会，包括群体和个体。早期的研究集中于"种族""性别"等课题，后来的研究聚焦于类似"族裔意识""性别"与语言的互动关系等。当今的趋势是通过语言分析研究语言的文体、认同以及社会意义。早期的研究相对比较单一，如：种族概念（是白人还是黑人；性别是男是女）原来都很明确，而这些概念当今变得复杂了起来。种族可以明确，但是族裔归属就复杂得多：我是黑皮肤，但我可以是"椰子人"，外黑里白；我是黄种人，我也可以是"香蕉人"，外黄里白；我是原住民，我也可以是"苹果人"，外红里白。所以"族裔归属"要比"种族"复杂得多，事实上，族裔归属与"族裔认同"搅在一起了。性别也是这样。原先没有把性别取向考虑在内，只有女人和男人之别。而现在我们不得不把性别取向考虑在内：女性同性恋取向；男性同性恋取向；双性恋取向和变性取向。不同的语言变体反映不同的族裔归属和性别取向；不同的族裔归属与性别取向选择不同的语言变体。

美国斯坦福大学语言学教授艾克特指出，迄今为止，变体语言学，即现代社会语言学，经历了三次浪潮。第一次浪潮的研究揭示了语言变体与阶级、性别、年龄以及种族等宏观社会类别之间的共存关系。第二次浪潮的研究通过民族志方法探索了组成或蕴含于这些宏观社会类别中的地方性微观类别。第一和第二次浪潮的研究均把变体视为社会类别的标记。语言变体都是研究的核心。之后发生的第三次浪潮研究的中心出现了变化。首先，第三次浪潮的研究认为，语言变体构建了一个庞大的社会符号系统，这一符号系统具有表达相关社区所有的社会诉求和问题的潜在能力。第二，语言变体的意义尚未得到充分的揭示和梳理，必须在具体的语境里面加以厘清。第三，语言变体不仅仅反映社会意义，而且构建社会意义。因此，语言变体是推动社会变化的一种力量。

如果说社会语言学的第一次和第二次浪潮的研究继承和发展了方言学和形式语言学注重语言的历史传统的话，第三次浪潮所关注的问题已经从语言走向社会，也就从历史走向了现实。所以，问题就更加复杂，范围也更加广泛。

三、凝练问题

对社会语言学研究问题的历史和现状有了一个很好的了解和把握之后，我们可以开始提出问题，然而所提出的问题要真正能够成为一个研究的课题，还须进一步凝练。凝练问题，需要注意以下几点。

首先，不要啃一块你所驾驭不了也消化不了的"硬骨头"。我们在上面两点已经谈到，社会语言学所要关注的问题有很多，有的可以很大，有的可以很难。比如，人们是怎样通过语言建构性别取向的？这个问题很大，也很难回答。说清楚这个问题，需要大量的调查和观察。做几个个案分析解决不了问题。迄今为止，不知有多少社会语言学家在做这个课题。这一课题需要许多学者花许多时间才能得以解决。再如，刚刚出现的语言新变体是怎样在语言社区里面传播的？

这个问题看起来似乎要比第一个问题小，其实，这一问题也不算小。它所涉及的语言和社会的因素很多，也很复杂。类似的大题目可以成为社会语言学研究的领域。因此，我们提出问题，可以从这些领域和方面去探索、去寻找，但问题应该具体得多，规模要小得多，比如某人、某个家庭，或某时某处某一个群体，是用什么样的语言变体或文体来体现社会距离的？研究处在具体时间和空间、具体的人或人群的语言变体与社会关系的问题是可操作的。我们应该把问题凝练到这种程度，这样方可开始研究。

再者，不要"小猫钓鱼，三心二意"。提出一个课题的过程，如同一个沙漏流沙过程。沙漏由两个三角容器组成，上端是一个倒三角，下端是一个正三角。沙从上端倒三角容器流入下端的正三角容器里。两端宽泛，中间狭小。提出一个论题，需要起端宽泛——广泛阅读，熟悉研究历史与现状，再逐步确定所要提出问题的方向，从普遍走向具体，即从沙漏的起端走向中点。也就是说，从社会语言学的大领域走向类似语言变体与性别认同等小领域，再把大问题凝练成小问题。当问题提出后，流沙已经到了沙漏中心，开始下端正三角的行程。问题需要不断思考和凝练，不断深入和细致，直至问题可能达到的方方面面都很清晰的程度，好比流沙到了正三角容器宽泛的底端一样。从宽泛到具体，再由具体到宽泛，需要我们专心致志，一如既往。如果三心二意、朝秦暮楚，是不可能凝练好一个课题的。

第三，不要忽视细节。这一方面的失误，不仅对事业成败是一有益训诫，对研究问题的凝练也是一个重要忠告。问题一经提出，并非已经完备。精确地说，脑子里刚刚形成或提出的问题，哪怕十分具体，也还不是真正的科研问题。真正的科研问题是经过深思熟虑的。深思熟虑一个问题，就是把它细化，每一个细节都不能忽略。上述"从具体走向宽泛"就是这个道理。从具体走向宽泛不是回到原来的宽泛，而是把问题的细节都考虑到。你问题中具体细节有哪些？问题与问题之间的逻辑关系是什么？这些问题是否已经有人在不同程度上讨论过？如果有人讨论过这些问题，他们是怎么讨论的？如果没有，或没有彻底讨论过，问题的答案在哪里可以找到？寻求这些问题的答案是为了什么？你需要什么样的语料和方法来分析这些问题？怎样才能获取这些语料？采用什么样的理论来分析与观照这些语料？你的基本观点是什么？你最终要说明什么？你的观点对社会语言学研究的贡献是什么？只有对类似上述这些问题都已认真细致地思考过之后，才能真正确立一个研究课题。

关于如何提出问题，有几个小贴士很有意思，不妨拿来作为参考。

（1）开发一个研究问题，提出一个论点。社会语言学有许多有趣的话题，这是社会语言学吸引人的地方。但是，研究论文不像阅读普通文件或游览野生动物园那样，只要有趣就行。论文必须有明确的论点。论点需由研究问题驾驭和引导。所以，论点要明确，问题要具体。

（2）思考和凝练问题，需具备语料性质的知识。这方面的知识大多与语法相关，比如，附加疑问句与元音分别具有各自不同的语法规则，前者属于句法范畴，后者属于语音范畴。

（3）确保问题具体而简单。大问题固然重要，但要回答它们，你需要具体细节——具体问题构建具体步骤。你的研究也许只能是通向那一大问题的具体一小步，这是一个循序渐进的过程，是人类知识积累和进步的基本规律。如：女性是怎样使用语言的？这样的问题在一个研究课题里面无法回答。但是，在一个课题里面回答"某一家商店女性顾客是怎样提出要求服务的？"是能够做到的。所以，提那些能够回答的小问题，不提那些无法回答的大问题。

（4）分清"证伪"还是"证实"。如果研究问题假设为可以证伪的，那么就要确定所提出的问题是伪是真；如果提出的问题是要解释的和证实的，那么就要有足够准确的证据支持你的论证。对尚未开始研究的学生来说，"可证伪"一词可能会引起混乱。初学者须这样想：假如一个假设可以证伪，就可以通过实证检测证明是错的。比如下列两个假设：

1) 说话人社会地位越低，-ing前鼻音化（-in）越普遍。
2) 这些说话人是通过部分修改表示种族关系的语词来建构他们的性别取向的。

第一个问题是可证伪的问题，可以通过审视说话人使用前鼻音的频率以及与他们所处的社会阶层对应程度来论证；第二个问题是一个证明题，可以通过个案分析证实一个论点。

第二节　数据收集

研究问题确定之后，数据收集便是需要动手的事情。什么样的问题决定需要什么样的数据，什么样的数据又决定什么样的收集途径。数据收集是研究方法重要部分，也是研究本身的关键部分。

一、数据类别

简单说来，数据是资料、信息、事实或证据。对于科学研究而言，它们是一组具有数量或质量价值的资料或信息。一组数据便是一组信息。数据可以衡量，可以收集，可以报告，也可以分析。数据有文字资料或图像资料。总体而言，数据是以某种适当的方式重新表达或组合起来、用于进一步处理和使用的现存信息或知识。虽然数据是信息也是知识，但与信息、知识乃至与智慧是有一定区别的。数据用来收集和分析获取有利于决策的信息，知识源自某一主题大量信息处理的经验。比如，有一本书介绍珠穆朗玛峰，帮助珠峰登山运动员规划登峰最佳路线。珠峰高度多少？这是数据，且这一数据连同其他一些关于珠峰的数据出现于关于珠峰的著作里面。基于登峰经验给后来者指出上山路线以及注意事项等可以算作知识。一个登山运动员除了掌握了这些关于珠峰的数据、资料、信息以及登峰的知识之外，还需具备在什么时候利用这些信息和知识的能力，这就是"智慧"。因此，可以说，数据最具体，也是最基础的；信息次之；知识再次之；最抽象的应该是智慧。处理数据，生成信息；汇合信息，形成知识；凝练知识，成为智慧。它们彼此的关系大致可以这样概括。

那么，数据分哪些类别？总体而言，数据可分为两大类：一类为原始数据，也叫第一手数据；另一类是二手数据。一手数据指的是我们亲自收集的数据，比如通过问卷、观察、访谈等采集的数据与资料。对于那些继续发展和深化的研究课题，第一手数据是最佳数据，因为不同的因素作用于我们所研究的课题，产生不同的结果。不同因素所起的作用大小，决定结果的大小。第一手数据可以帮助课题的进一步深化和发展；二手数据指的是那些已经被他人所收集整理或处理过的数据。我们获取这些数据，作为参考，这些数据通常来自著作、政府出版物、报刊杂志或者当今盛行的因特网。我们利用这些二手数据是为了补充和支撑一手数据，通过他人的观点来说明某种理论或论点。当我们有了一手数据，需要旁证的时候，二手数据成为最佳选择；当我们开始研究之际，需要关于课题的研究背景知识，二手数据是我们获取背景知识的最佳出处。所以，对于社会科学研究而言，二手数据更好的说法是"二手资料"。我们开始一项研究，首先要进行文献梳理，而这一工作很大程度上就是收集和梳理二手资料。

进一步条分缕析数据类别，我们还可以把它们分为"离散数据""顺序数据""连续数据""标定数据""区间数据"和"比例数据"等。

"离散数据"指的是彼此之间不联系的和间断的散状数据，它们不可以被分解为更小价值单位的数据。比如问卷调查选择题"是/否"或"男/女"的选项。无论是"是"还是"否"，都是无法分解的单元。此类数据只有在数量汇总时才有意义。比如有多少个"是"，有多少个"否"相加在一起来说明问题。这是数量分析常用的数据。

"顺序数据"指的是可以列序的数据，比如排行榜上各个参数的价值按序排列。足球俱乐部按照球队业绩排名：业绩好的排在前面，差的排在后面；最好的排在第一，最差的排在最后。如果要探讨若干变体的使用频率，看哪一个使用频率最高，哪一个最低，哪个处于什么位次，就需要这类数据。

"连续数据"是与离散数据相对的数据，也称作连续变量。在统计学中，连续可分的变量称连续变量，不连续不可分的变量称离散变量。离散变量是独立的变量，不可再分，只能在整体情况下才有意义。但是连续数据是在一定区间内可以任意取值的数据，数值是连续不断的，相邻两个数值可以分割成若干单位，而且还可以继续分割下去。因此，连续数据是一个范围，这一范围内任何一个数据都可以单独体现意义。比如，运动员赛跑计时，可以计算到分、秒和微秒等；再比如人的身高，只要是在人类身高的范围之内，任何高度都是有意义的，并不是只有那些确定的身高才有意义。连续数据的数值只能通过测量或计算才能获得。

"标定数据"是用来标定变量类别的数据。它与顺序数据、区间数据以及比例数据一样，是四大测量数据之一。标定数据被变量贴上标签，因此，标定数据也可以简单地称为"标签"。"标定"实际上和"命名"差不多，所以说标定数据或标定变量实际上是"名称"或"标签"，只有质量价值，没有数量价值，通常用于定性分析而非定量分析。比如，选择回答性别问题，只有男性和女性两项，无论哪项选择，只有质量价值。同样，在棕色、黑色、金色、亚麻色、其他颜色等选项中选定头发的颜色，变量数值也只有质量意义。

"区间数据"是具有数量意义的变量。区间数量不仅告诉我们顺序，同时还告诉我们量值之间精确的区别。比如，摄氏温度计量，60度与50度之间相差10度，80度与70度之间同样相差10度。时间计量也是一个区间数据的典型例子。其中的增量（即时间的区间数量）是可知的、恒定的，也是可以测量的。我们可通过"区间"两字，加深对这一数据的认识。区间即间隔，区间数据是指变量项与变量项之间的量值。区间数据用处广泛，使统计分析范围得到拓展，比如，集中趋势可以通过众数、中间值或均数度量，也可以通过区间数据计算出标准误差。然而，区间数据没有"真零点"，比如不可能有"无温度"现象，因为零度并不指"没有温度"。没有真零变量，就不可能计算比例。我们可以用区间数据进行加减，但无法进行乘除。10度加10度等于20度，但是，20度的温度不等于10度的两倍，其中的原因是，温度没有真零值。所以要计算比例，还需"比例数据"。

"比例数据"也叫定比数据，它与区间数据的区别是它具有真零点。也就是说，比例数据的数值为零时就表示"没有"。比例数据告诉我们顺序、单位变量之间的精确数值。更加重要的是，比例数据有真零点。有了真零点数值，比例数据可应用于包括描述和演绎统计学在内的更为广泛的范围。比例数据的单元数值可以加，也可以减，可以乘，也可以除。集中趋势可以通过众数、中间值或均值度量。类似标准误差以及变异系数也可以通过比例数据加以计算。人的身高和体重计量是比例数据的典型例子。

虽然上述这些数据的类别均属统计学范畴，社会语言学研究也许无需使用所有这些类型的数据，但毫无疑问，其中很大部分是社会语言学必然会用到的类型，尤其是第一手资料数据的收集过程。我们要给变量命名排序，要检查变量与变量之间的区别，还要看标准误差、变异系数以及数值之间的比例等。这些类型的数据，尤其是测量量表数据，是我们收集第一手数据的主要部分。

二、问卷与访谈

了解和确定数据类型之后，就是收集这些数据的途径问题。收集社会语言学分析数据的途径有许多，但迄今为止最流行的途径是问卷和面谈。

问卷调查是一项常见的调查方式，比如：工厂开发一项新产品，需要进行市场调研，了解新产品的可行性，问卷调查是此类调查的常用方式；旅行社要了解和掌握顾客对其服务的满意程度，也会通过问卷调查的方式进行。问卷调查直接、简易，成本也比较低，因此，一开始就得到社会语言学家的青睐。围绕一个主题展开问卷调查需注意的事项包括问卷调查的设计、调查的抽样方法以及数据收集的手段，其中最重要的是问卷设计。一份好的问卷要确保问题准确精当，结构合理严密，而且，具体实施调查要组织得当，所得的答案也要加以适当整理。

研究人员收集数据，通常不会是就一两个问题展开调查，一般都是围绕一个主题罗列一组互相关联的问题进行调查，因此，问卷设计需精心准备，尽量做到问题既清晰又有效。在设计问卷之前，首先必须清楚明确地设定研究的课题，思考和设计课题的具体问题。如前面所说的那样，研究课题必须是受到前人研究的启发而拓展而来的。确定课题及其问题是确定研究的目的，因为明确目的极为重要。然后，整理出有利于回答研究问题的话题，从理论上加以思考，形成一系列观点。为谨慎起见，可以设计一些问卷问题，在小范围里面预测一下，检验哪些问题比较管用，也可以初步了解这些问题可能得到的答案，同时还可以参考同样问题不同方法的调查等。

问卷调查可以用于调查社会语言学的许多方面，如：特定区域的语言使用种类、语言的区域变体、具体词汇或词组的使用情况、语言态度与语言意识，以及语言形式的接受程度和判别标准等。笛尔曼把问卷调查的内容归纳为五类：行为、信念、知识、态度和属性。这五类内容涉及社会语言学的许多方面。"行为"指的是答卷人的现在或过去的行为，包括行动、习惯，生活方式等，涉及他/她在什么语境下使用什么样的语言或变体，以及和谁在一起的时候使用这些语言或变体；"信念"检测的是什么是正确的，所以同语言信念和语言意识有联系，比如人们心目中关于标准语言的想法；它是怎样发展而来的，什么时候用它；"知识"关系到哪类语言是我们所懂的语言，掌握程度有多高等；"态度"关系到我们对语言价值，包括语言变体以及语言特征的衡量；"属性"指的是答卷人特征的信息，包括性别、年龄、职业、民族等。所以，重要的是，问题要涉及我们有兴趣的领域，比如，对本课题有意义的是语言行为，而不是语言态度。同样重要的是，重点要明确，界限要清晰，要避免答卷人误解。问卷调查语言行为，不要游离到语言信念以及语言态度等方面。

问卷调查的问题可以分为"封闭"和"开放"两类。一类是封闭性问题。问卷设计者提供一组可能性答案。答卷人只需在提供的答案中做出选择。由于问题的答案是规定和限制的，分析封闭性问题得到数据比较容易。这类问题适合收集相对比较简单的信息。另一类问题是开放性问题。需要答卷人提供答案，而不是在问卷人提供的答案里面选择答案。这类问题所得到的答案可能更加具体和精确，但也可能个性更强，而且也有可能得不到任何答案。让答卷人提供答案需要时间，同时还要有一个前提，即所有答卷人具备相当的知识水平。与封闭性问题相比，开放性问题调查难度大，因此一般很少用。

社会语言学另一个常用的方法是"访谈"。社会语言学领域有一个专门的术语叫"社会语言学访谈"，主要是由拉博夫所创造，同其他面试访谈是有所区别的。这是因为访谈的目的是记录自然语言或地方语言的自然状态，希望受访者更多地注意所说的内容，而不是访谈本身。当然，要做到这一点很难，但是我们还是要尽量使访谈轻松自然。

以往研究者进行访谈有不少成功的经验。比如，"你是怎样遇见你的另一半的？"这样的问题会启发个人的陈述，是访谈最好的形式之一。如果周围发生了重大事件，这是进行访谈的好时机。我们可以问受访者当时在哪里，对所发生的事件的看法等。所以，访谈变得十分自然。需注意的是，我们要使访问者和受访者都要尽量轻松和愉快，要避免不愉快的话题，避免与政治以及与一些敏感问题相关的话题。说话要有艺术和情感，问题要有感召力。预先要对受访者所在社区有所了解，如果有受访者熟悉的人以及朋友的话，经他们介绍进行访谈效果可能更好。同时还要利用自己的社会阅历和社会经验，引导访谈朝自己希望的方向进行，所以循循善诱为上策。访谈需要计划，计划的实行不可机械，不要让受访者察觉，更不可以中途拿出计划，因为这样做不仅使访谈显得不自然，还会使受访者尴尬而沉默，使访谈进入僵局。灵活多变是一项重要的原则。如果有些问题行不通，那么立即改变话题；如果一个话题进行得很顺利，即便没能囊括计划中的话题，也让其自然结束。社会语言学访谈本质上是访问者与受访者之间的对话，主要目的是让受访者多说话——自然地、没有羁束地说话。因此，我们要避免机械的问题和只需三言两语就能回答完的问题。访谈计划所组织的问题系列要围绕主题，循序渐进，彼此关联。计划的问题不是要规定或指导访谈进程，而是为访谈提供信息。问题可以是一般普通的问题，也可以是与受访者关系密切的具体问题。但是，要尽量围绕主题进行。

社会语言学访谈通常与问卷调查同时用，而且在大多数情况下，访谈是问卷调查的补充。

三、观察与实验

除开最常用的问卷与访谈调查，社会语言学家也会用到实地观察和实验。

实地观察是20世纪初美国人类语言学创立的传统。布厄斯、萨丕尔以及后来的美国结构主义创始人布龙菲尔德等人为了记录濒危语言，深入原住民保留地，观察原住民的生活，记录下他们仍在使用的语言。面对这些陌生的语言，人类语言学家能做的就是录下它们的声音，然后把录音带回，根据音位学和语音学的普通规则识别语言单位和结构，归纳出语法，从而把这些语言描写和记录下来。他们把这项工作称为"实地工作"。那个时期的美国，凡是从事语言研究的学生和学者，实地工作是一门必修课。美国结构主义语言学也因此而被称为"描写语言学"。

20世纪60年代的社会语言学家们把实地观察的传统继承下来的同时进行了加工，增加了内容，调整了方法。美国早期人类语言学家实地观察的目的是记录濒危语言，所以他们关注的是语言本身。那些濒危语言是陌生的语言，他们唯一能做的是用录音机把声音录下来。后来的社会语言学家不同，他们实地观察的目的是语言生活，所以他们所关注的除语言本身之外，还有更多的语言使用者的情况。他们所观察的语言大多是他们所熟悉或了解的语言，所以不存在大量繁重的描写工作，这样可以腾出时间和精力从事更为重要的工作。

由于社会语言学家要观察的不仅是语言而且是使用语言的人，他们首先所要面临的重要问题是伦理问题。凡是与人打交道，必然会涉及伦理问题。所以，实地观察有一条重要的原则是"最大限度地降低伦理危险"。科学研究的伦理问题不仅在自然科学领域，而且在社会科学领域都已经引起高度重视。不仅人工智能、基因重构、医疗卫生有伦理问题，历史政治、宗教信仰、语言文化也有伦理问题。所以计划实地观察，伦理问题必须列入议事日程来认真计划。社会语言学实地工作的主要目的是观察语言变体。最好的观察是自然的观察，而自然的观察必然会使观察者进入被观察者的私人空间。所以，我们对此必须要有足够的认识，把干扰、尴尬乃至伤害降到最低限度。比如，必须尽量保护他人的隐私，承诺保守秘密，为被观察人匿名等。不光是被观察的个人隐私需要保护，被观察的单位和地区的隐私也需要不同程度的保护。

进入"实地"之前，还有一项重要的工作要做，那就是了解这个"实地"。早期人类语言学家前往原住民部落很大程度上有点"考古"意味，因为关于原住民部落的详细情况少有记载。现在不同了，社区情况的记录档案一般都很全面。社区的人口数量、族裔结构、历史背景、文化传统、行为习俗乃至语言种类等方面的信息都有记载。所以，进入社区进行观察之前，要做好这份"家庭作业"，了解情况，把握要点，做到心中有底。必要时还可以咨询相关公司或机构，明确注意事项。

实地观察的取样方式也很重要。观察可以"随意"，也可以"刻意"。随意观察就是观察进入眼帘的所有人和所有发生的现象，然后梳理出与课题相关的数据；刻意观察就是有针对的观察，上述"社会语言学访谈"是典型的刻意观察。无论是随意还是刻意，都要取样。随意观察，随机抽样，时间和地点特定，人物和事件任意；刻意观察，样本预定，时间与地点、人物和事件都是预先确定的。样本多少决定分析的信度和效度。理论上讲，样本越多，分析研究的结果越可信。但受到项目时间、资金等条件限制，取样有一定的限度。早期社会语言学界有一个不成文的规则：如果是问卷调查，有效答卷在100份以上比较理想，社会语言学访谈人次在20人次以上为好，任意观察在50人次左右为佳。现在的样本底数根据观察项目多少而定——项目越多，样本底数越小。现在有人认为，样本数不一定要多，能说明问题就好。还有人认为每个单元的样本最低限度可以是两个。

社会语言学也可以进行实验。如同采用其他方法进行研究一样，社会语言学实验的第一步是确定研究问题，但同样要简明扼要。如果研究课题比较大，一次实验做不完，那么分多次实验，一项科研结果由四五个实验报告支撑是常有的事。总之，实验不能太复杂。确保实验简单明了，就必须把问题具体到可操作的程度。比如，关于语言接受程度的课题，如果要了解一项语言变体与说话人年龄之间的关系，问题可以具体到一个词的不同发音是否对不同年龄的人对语言的接受程度产生影响，或者听话人对说话人年龄的期望是否对说话人用词产生影响。实际上，这些具体问题所要讨论的是大问题：前面一个是语言是否影响社会信息的接受程度"；后面一个是"社会信息是否影响语言的接受程度"。

无论是新手还是"老手",借鉴前人的实验,来补充和扩展结果,总不失为良策。借用实验模式,可以做新的课题,可谓"老瓶装新酒"。而且"新酒"装进"老瓶",还会改进效果,为原来的实验增添新思想和新方法。即便用他人的实验方法做同样的实验,结果未必一样。如果出现不同的结果,那是好现象。我们可以顺藤摸瓜,寻找不同的原因。原有的结果可能仅仅是一次偶然现象;原来的实验可能还有一些重大缺陷等。这些发现都具有十分重要的意义。

一项实验所要关注的问题和细节比较多,但原则是必须认真与细致。只要认真设置,仔细检查,就会得到理想的结果。

第三节 分析研究

通过多种途径收集到了数据资料以后,就开始分析这些数据和资料。不同的数据需要不同的方法加以分析。总体而言,社会语言学分析方法有定量分析、定性分析和综合分析几大类。各类分析方法各为其用,同时也各有利弊。若能使用恰到好处,就会收到意想不到的效果。

一、定量分析

社会语言学常用的分析方法之一是定量分析。定量分析法是利用统计、数学或者计算机技术对实证调查所得的数据和资料进行系统分析。这一方法普遍适用于自然科学和社会科学,其目的是构建相关现象的数学模式、理论或假设,具核心方法是"度量"。因为定量分析是用数学方式表达实证观察现象的定量关系,统计数据、百分比数据等都属于定量分析数据。研究人员通过统计学分析这些数据,得出客观并具有相对普遍意义的结果。在社会科学领域里,心理学、经济学、人口学、社会学、市场学、政治学等常常用到定量分析法,人类学和历史学偶尔也会用这一方法来分析一些数据。

统计分析是定量分析的最普遍使用的方法之一。使用这一方法,首先是根据假设和理论收集数据,数据的样本要达到一定数量才有意义,而且分析之前还要检验数据的信度和效度。常用的分析软件有SPSS和R。民意调查分析是定量分析的典型例子。民意调查设计一组问题，请参与者回答这些问题，并把他们的答案列成表进行统计和归纳。一定数量的民意能够说明民众对某一事件或政策的基本看法。调查不可能涉及每一个人，但只要达到一定数量，就可以基本代表全体民众的看法。除统计之外，实证关联和联系也是定量分析的方法。事物之间的关联分析主要有"普通线性模式""非线性模式""因素分析"等方法。但有一个基本原则：相关性并不完全等于因果关系。这是因为，除一起变化的两个变体之间的某种程度的共变关系之外，总是很有可能存在某种"伪关系"，即不是因果关系的关系。

虽然从表面上看度量仅仅是现象的数量表达而已，但数量的表达本身就能够说明问题。因此，度量方法普遍受到社会科学家的青睐，主要用于金融证券、心理分析、人口分布、宗教信仰、语言文化等方面。社会科学中有些数据无法精确度量，所以也使用近似度量法甚至半度量的方法进行定量分析，比如用于分析气候的"树木年轮宽度法"等。

定量分析方法应用在社会语言学分析始于拉博夫时代。拉博夫之前的经典方言学一般不用这一方法。方言学典型的实地考察访谈问题是："这东西名叫什么？"一个特定地方的个人对这东西的一次命名便被确定为这样东西的名称。对词汇而言，这样做是可行的，但对某种音位的变体及其社会因素而言，仅一个数据几乎没有任何意义。比如，动词-ing形式的长鼻音和短鼻音变体既有区域性特征，又有群体性特征。有的区域长鼻音比较普遍，而有的区域短鼻音比较普遍；有的群体喜好长鼻音，有的群体喜好短鼻音。而且，随着交际场合、交际对象和交际目的的不同，长短鼻音会交替出现。长短鼻音出现的频率，表示各种不同的社会因素和交际方式。说明不同的交流方式以及不同的交流方式与社会因素之间的互动，仅一两个数据是说明不了问题的，所以以往依靠单一数据的研究方式起不了作用，必须要有相当数量的数据才能足以说明它们的频率和普遍性。

事实上，20世纪60年代社会语言学的兴起，标志之一是方法上的"定量分析革命"。从传统方言学脱胎出来的社会语言学以语言变化为主要研究对象。把握和分析语言变体，必须要以数量来说话，这样才能体现具有普遍意义的性质。定量分析语言学方法是拉博夫语言学的重要特征，也是变体语言学的主要方法之一。

二、定性分析

　　定性分析范围比定量分析更广，普遍适用于包括自然科学与社会科学的任何科学研究。不同的学科背景决定定性分析的目标。比如，心理学家希望通过定性研究分析，对人类行为以及支配人类行为的因素有更加深刻的了解。定性分析寻找决定或决策的"原因"和"方式"，而不仅是"内容""地点""时间"，或者决定人是谁。所以，定性分析在社会学领域使用很普遍。

　　个案研究是定性分析的一个典型方法，也是普遍的方法。选择一个案例进行解剖，深入研究，细致探讨，寻找现象的共性和个性问题，以理解这一现象。案例可大可小：大案例提供的因素多而广，小案例提供的因素精而细；大案例可以帮助广泛了解所研究对象的特征，小案例可以帮助深入把握所研究对象的本质。一个课题，一两个大案例已经足够，而十几个小案例也不为多。案例大小与多少由课题大小以及参与课题的团体大小和合作者人数多少而定。

　　定性分析的数据实际上是资料，其种类十分丰富，包括基础理论、理论发展与实践、个人陈述、故事经历、诗歌诠释、经典民族志、国家政府文件、他人的研究成果或实践演示、个案分析、实地观察、统计数据定性分析等，可谓林林总总，不胜枚举；定性分析通常把数据或资料分门别类地组合在一起，作为报告和建构理论的依据和基础。比如，家庭行为、与政府的交流沟通、性别歧视言语行为等。实地观察是定性研究法的一种常用方法，但是与定量分析法不同的是，定性分析法注重所要观察的现象的性质，而不是现象的数量。观察是为了进一步分析。比如，教育研究领域的研究人员通常会通过类似"参与性观察""非参与性观察""实地记录""计划访谈""半计划访谈""随机访谈"等实地观察途径来收集资料，以丰富各种文献中所收集到的资料。将通过各种途径收集到的资料根据一定的主题或形式结构组合起来，说明问题或论证观点。定性研究的结果通常是报告、文稿或书稿。

　　社会语言学许多领域会用到定性分析法，如历史社会语言学。历史语言学研究虽然也会用到定量分析方法，然而根本方法是定性分析法。历史的经典、各个历史阶段的文献、各个朝代的文件以及相关历史的典籍是历史社会语言学所必须依赖的资料，要从文献、典籍以及资料中梳理出某一现象的发展脉络，除定性分析之外，别无他法。当下关于语言规划和政策的研究的主要方法恐怕也是定性研究。一个国家的语言规划、一个地区的语言政策、一个言语社区的语言意识形态通常都是一个个案。它们有共性，但更多的是个性。个性特征需要个别探讨研究，无法用定量的方法加以确定。除历史研究途径和个案解剖途径之外，比较研究是定性分析的主要方法。精确地说，比较分析是两个个案放在一起研究。通过比较两个个案的异同，说明它们的共性和特性，又通过它们之间存在的异同来说明所要研究现象的本质与特征。

强调定性分析法，并不是为了否定定量分析法，很多情况下定性和定量是互补的，而且是由研究对象和数据性质所决定的。数量数据要求定量分析，质量数据需要定性分析。需要量来说明问题的研究需要定量分析，而需要性质来说明问题的研究就需要定性分析，而且在有些情况下，质与量相辅相成，互为补充，即定性定量分析都需要。

三、综合分析

在理论层面，科学研究方法的偏颇本身就是不科学，方法取舍只在实践层面可行。因为科学研究范围广袤，问题复杂，所研究的课题无论是形式还是内容都具有复杂的共性和个性。方法论上的"一刀切"，貌似简单可行，但实际都是行不通的。不同的问题需要不同的方法加以研究，一个问题的不同方面需要不同方法来探讨，而同一个问题也可以通过不同方法来讨论。所以，用单一的方法，排斥其他方法来研究问题不仅行不通，而且不科学。提倡方法多元与综合才是可行的。

我们提倡方法综合，不是虚无缥渺、莫衷一是，而是因地制宜、实事求是。问题的复杂性与多样性决定方法的多元与综合。发展至今的社会语言学，研究范围已从语言变体研究扩展至语言历史、语言生态、语言规划、语言经济、语言行为、语言文化、语言政治等领域。与语言相关的研究，其微观内容也扩展到数字、词汇、形态、句子、文本等；与社会相关研究的微观内容，也已发展到了社会语境、语言风格、多语格局、语言认同、言语社区、社会网络、会话分析、人类行为以及儿童社会语言学能力的习得等方面。不同方面和类型的研究所采取的方法各有不同。社会语言学与其他学科的交叉引发了学科之间研究方法的交叉。比如语言发展和变化的历史研究，现在称为历史社会语言学，依赖的基本研究方法是历史研究的方法和个案分析的方法。研究自然语言的变体除常用的定量分析方法，还可用语料库语言学的基本方法。从社会语言学角度分析话语和研究会话，话语和会话研究的基本方法由此进入了社会语言学。从社会文化角度研究语言，那么文化学研究的基本方法就成为研究方法的主体。

由此可见，在社会语言学与其他学科广泛交叉的当下，研究方法的多元与交叉不仅是一种趋势，而且将是一种常态。

思考题

1. 怎样发现和提出社会语言学问题？
2. 收集数据应注意哪些问题？
3. 什么叫定量分析？
4. 什么叫定性分析？
5. 为什么说当今社会语言学方法呈多元综合常态？

推荐阅读

Chambers, J. K. et al. (eds.). 2002. *The Handbook of Language Variation and Change*. Malden: Blackwell.

Holmes, J. and K. Hazen (eds.). 2014. *GMLZ-Guides to Research Methods in Language and Linguistics: Research Methods in Sociolinguistics: A Practical Guide*. New York: John Wiley & Sons Inc.

Johnstone, B. 1999. *Qualitative Methods in Sociolinguistics*. New York: Oxford University Press.

Labov, W. 1972. *Sociolinguistic Patterns*. Philadelphia: University of Pennsylvania Press.

Milroy, L. and M. Gordon. 2003. *Sociolinguistics: Methods and Interpretation*. Malden: Blackwell.

第十讲 发展与趋势

本书最后一讲将概括地说一下社会语言学的发展趋势。先说欧美与其他地区的状况，之后专门用一节讨论中国社会语言学，最后讲总体走势。

第一节 国外社会语言学

我们在第一讲第三节里简要讨论了社会语言学的起源。我们认为，社会语言学的起源不在美国，而是在欧洲。所以，讨论国外社会语言学，先要看欧洲。

一、欧洲的社会语言学

索绪尔开创现代语言学后，欧洲语言学界形成三个学派："伦敦学派""布拉格学派"和"哥本哈根学派"。索绪尔注意到了语言的社会性，但主张"语言的结构规则"是语言研究的首要任务，欧洲结构主义语言学因此而得名。抽象语言结构规则的语言研究便成为欧洲语言学研究的主流，然而这并不等于关于语言与社会关系的探讨就此销声匿迹。即便在欧洲结构主义语言学派内部，也未曾把社会语言学研究完全排除在外。在欧洲结构主义基础上发展起来的三个学派中，唯有布拉格学派自始至终基本上保持了索绪尔创导的"结构主义"传统，把注意力集中于抽象的语言结构研究。其他两个在不同程度上背离了结构主义传统，而这种背离恰恰是社会语言学的转向。

以弗斯为主要代表的伦敦学派则注重语言的功能研究，提出了"语境"思想以及"系统功能语法"。稍微细看一下就会发现，伦敦学派的研究已经偏离了结构主义轨道，研究对象已经从抽象的语言结构法则转向语言的具体运用。弗斯的语境分言内、言外两种：言内语境指的是语言组合规则，即语法；而言外语境指的是制约语言使用的社会文化因素。韩礼德把语言功能分成三类：表意、社会、篇章。讨论言外语境和语言的社会功能不就是社会语言学研究吗？所以，并不奇怪，英国兰卡斯特大学语言学教授利奇的语用学研究与莱文森等人的相比，更具社会语言学特征。利奇的语言学思想源头可溯至伦敦学派。

英国伦敦学派的语言学研究在一定程度上传承了社会语言学，丹麦哥本哈根学派的社会语言学同样在一定程度上传承了社会语言学。哥本哈根语言学派形成伊始，恪守欧洲结构主义传统，甚至比索绪尔还要更加强调语言的抽象规则研究，因此被批判为"非人性"和"空中楼阁"。但是，与学派元老叶姆斯列夫等人不同，哈德等人在结构主义基础上发展了丹麦功能主义语言学。哈德等人认为，语言本质上是人类用以交流的工具，可以分为"表达"和"功能"两块，其中：研究表达就是研究语法；研究功能就是研究语言的意义和语用原则。索绪尔把语言定义为"符号系统"，而哈德等人把语言定义为"人类交际工具"，着眼点已经从抽象转为具象，即"语法"转为"语用"。当哥本哈根学派开始研究语言的交际功能的同时，社会语言学传统的传承便悄然开始。

其实，索绪尔并不排斥语言社会性的研究，不过他主张要在弄清楚语言结构特征之后再开始。丹麦罗斯基尔德大学斯库特纳博—康格斯教授的语言人权观已经成为宏观社会语言学十分重要的理论。语言人权思想不仅是语言政治研究的重要思想，而且是语言教育（包括双语教育）研究的基本理论之一。丹麦另一位著名语言学家是菲利普森，我们在前面也提到过几次。他祖籍英国，是斯库特纳博—康格斯的丈夫，长期在丹麦工作，任教于丹麦哥本哈根商学院。他所提出的"语言帝国主义"理论，为研究语言传播、接触以及语言矛盾与冲突提供了十分重要的视角和观点。

此外，也是在丹麦，有一些语言学家参与了以韩礼德首创导的"生态语言学"讨论，提出了"辩证语言学"，为宏观社会语言学增加了一个重要的视角。他们综合了东西方哲学的精华，从辩证法角度分析研究了语言与生态之间的对应关系。他们认为，语言的使用对我们的生态环境构成直接的影响。他们的研究丰富了社会语言学，促使研究向更为宏观的方向发展，与此同时也展示了欧洲社会语言学新的趋势。

菲利普森、斯库特纳博—康格斯以及辩证语言学家的研究也许可以算作传统欧洲结构主义语言学之外的研究，因此不受结构研究的制约，社会语言学特征却清晰明确。另外在这里还需提到的是荷兰语言学家布罗梅的社会语言学研究，他把社会语言学放在全球化的背景里讨论相关问题。这也是一个新的趋向。

二、北美的社会语言学

的确，美国20世纪60年代社会语言学的勃兴直接受到欧洲社会语言学的影响。但是，美国社会语言学在国际社会语言学界所产生的影响远远超过欧洲。之所以这样，是因为当时美国集中了一批杰出的社会语言学家。斯波斯基在他为《社会语言学手册》撰写的关于社会语言学历史的文章里面提到的就有十多位。他们的研究进一步明确了社会语言学的定义，极大地丰富了学科内涵与外延，进一步完善了理论，包括方法论的体系。更为重要的是，在那些撑起美国社会语言学一片蓝天的元老身后，集聚了一大批追随者，这批新人与元老一道进一步传承和发扬了具有北美特色的社会语言学传统。

概而言之，美国社会语言学由两个方面组成：一是"以社会为着眼点的社会语言学"；二是"以语言为着眼点的社会语言学"。这就是法苏尔德归纳的社会语言学两个核心部分。在美国，以社会为着眼点的社会语言学研究范围主要涉及区域与方言学、种族、性与性别、语言变化及年龄、社区组合、语言多元主义等。方言学是一个古老的课题，但经拉博夫之手，传统的方言学成为美国社会语言学重要的组成部分。在过去的数十年中，拉博夫以及他的追随者把北美大部分地区的英语语音变异轨迹勾勒了出来。比如，在拉博夫1963年马撒葡萄园研究基础上，一些语言学家对该地的语音变化进行了再调查，更为深刻地分析这些变化与社会的关系。类似的研究覆盖至密苏里、肯塔基、宾夕法尼亚，以及美国北部城市，乃至加拿大。当然，这一时期美国的方言变体研究并不仅仅局限于语音，也有会话研究、方言历史比较等。

由于大多数方言变体研究集中于非裔美国人英语变体，种族问题成为焦点之一。非裔美国人英语的变体除开性别、年龄、职业、地位之外，族裔关系是其主要因素，这一因素对美国主流社会所产生的一系列影响，举不胜举。

性与性别的社会语言学研究在美国属于新生族，方兴未艾，但成绩也不小，涉及的范围也很广泛。比如，关于同性、双性、异性恋者语言的异同研究，原住民女性的语言，博客体裁与性别关系等。

与性别研究相比，语言变化与年龄关系的研究要传统得多，但它仍旧是美国社会语言学的重点之一，为众多社会语言学家所青睐，比如，关于人均寿命与语言变体的关系、年龄隔离与性别隔离的相互关系、西裔新移民的语言变化等。

语言社区也是一个老生常谈的话题，为美国社会语言学家所津津乐道。进入本世纪以来，依然如此，比如关于社会关系的研究、美国犹太人的多元认同、个人语言变体与社区社会结构等。

本世纪以来，美国社会语言学出现研究语言种类的多元化现象，改变了专注英语的传统。少数族裔语言进入视线，其中最主要的是关于西班牙语的研究以及亚裔美国人祖裔语的研究。

美国社会语言学第二个核心部分是"以语言为着眼点的社会语言学"，所覆盖的领域有传统语言学的语音、词汇和语法，也有衍生的"语言习得"和"理念语法"、语用学、话语研究、会话分析。从这些领域的标题看，它们本属于理论语言学、语用学以及应用语言学的范畴，但是，美国的社会语言学家把这些传统的问题放在社会语言学的理论框架里进行探讨，这也是本世纪以来北美社会语言学发展的一个动向。

有人认为，使相对比较传统的语言学领域也开始研究语言变体是现代社会语言学贡献之一。这些领域包括语音、词汇、语法，也包括语用、会话、话语、习得等，而这一贡献又代表了当今北美社会语言学的走向。一方面，社会语言学的介入使这些传统领域的内涵与外延得到很大扩展；另一方面，与它们的交叉为社会语言学增添了新的内容。比如，政治话语分析已成为本世纪以来北美社会语言学的一个热门话题，"批判教学法研究"是另一个刚进入社会语言学领域的内容。可见，美国的社会语言学正在不断地朝多元与交叉的方向发展。

三、其他地区的社会语言学

近年来,社会语言学研究不再是欧美国家的专利,世界各国都有不同程度的参与。欧美国家以外学者的参与,使社会语言学得到新的促进和发展,出现了一些新的特征。

首先,拉美国家社会语言学的研究聚焦于原住民语言的研究。比如,南美洲的社会语言学境况十分复杂,极具多样性,语言多种、文化多元、种族杂居是其主要特征。据统计,90%的南美人使用西班牙语或葡萄牙语,西班牙语是大多数南美国家的官方语言,但有50%的南美人使用葡萄牙语进行交流。同时,也有一些人使用英语、法语、德语、荷兰语、意大利语以及日语。然而,南美洲还有数以百计的原住民语言,自欧洲殖民南美以来,始终处在边缘地位,呈现急剧衰微的状态。以亚马逊诸语言为例,亚马逊原住民语言有300多种,彼此不通,相对独立,但单一语言的使用人口不大,且无文字,所以几乎无一不处于濒危语言行列,记载、描写、维护、挽救、激活这些语言成为社会语言学家的当务之急。

中美洲,尤其是加勒比海地区,语言状况更为复杂,社会语言学研究的内容更为丰富。一如南美,这里大部分国家原来是欧洲诸国的殖民地,英语、西班牙语、法语、荷兰语等欧洲殖民者的语言成为当地的共通语言和官方语言,玛雅语、加里福纳语、巴比亚曼荼语等千余种原住民语言沦为边缘或濒危语言。与南美不同的是,这里的社会语言学焦点不在原住民语言,而是克里奥语和皮钦语的研究。加勒比海地区的克里奥语和皮钦语特别丰富,而且富有特色。就种类而言,有英音克里奥语、法音克里奥语、西音克里奥语等,包括各式各样的皮钦语。中美地区克里奥语研究的传统是由美国社会语言学家所开创,当地语言学家继续推进,从语料库语言学、话语分析研究以及语码转化角度,更为深入地研究克里奥语和皮钦语,这是近十年来新出现的趋势。

当我们讨论亚洲的社会语言学,自然首先要说到中国。不过,关于中国社会语言学当今的状况,我们在本讲辟出一节专门来谈。

南亚的社会语言学近年来也出现了方兴未艾的景象,尤其是次大陆。沦为英国殖民地的历史促使印度和巴基斯坦的语言学者深入思考英语与地方语之间的关系以及语言与政治、语言与文化、语言与民族认同之间的相互作用等。

比起南亚次大陆，无论从深度还是从广度看，日本的社会语言学要胜过几筹。1987年柴本一篇题为《社会语言学在日本》的文章列出了日本社会语言学研究的几个主要领域，包括文字书写体系、借用词语用法、语言标准化、敬语表达、语言与性别、双语研究以及语言多样化等。除此之外，语言与政治、语言规划与政策、少数民族语言等都进入了日本社会语言学研究的范围。日本社会语言学的起源可以溯至很远，但这一学问的"官方化"始于1949年。该年度日本成立"国家日本语研究院"，主要任务是为政府制定语言规划与政策提供资讯。国家教育部（省）开始正式以官方的名义拨款资助国家语言项目的研究。日本社会语言学有一个比较显著的特点是，研究对象不仅局限于本国语言的研究，同时还注重国外语言的研究，特别是英语等国际大语言的研究。不仅用日语，还用英语发出自己的声音，所以，日本的社会语言学很早就被国际社会语言学界所关注。

东南亚有四个国家具有代表性，它们是马来西亚、新加坡、印度尼西亚和菲律宾。在马来西亚和印度尼西亚，巴哈沙马来语和巴哈沙印度尼西亚语被分别尊为国语，虽然它们都是多语国家。马来西亚人中间许多能够熟练使用泰米尔语、汉语以及英语等，同样有许多印度尼西亚人能够熟练使用爪哇语和雅瑟语，以及众多原住民语言。菲律宾是一个天主教国家，他加禄语和英语为国语，由于他加禄语是在八大民族语言中间选出来作为国语，而英语是美国殖民主义的象征，故纷争不断。新加坡很小，但国语有四种：英语、马来语、汉语和泰米尔语。另外，非官方语言也有不少，如汉语以降的粤方言、客家话和潮州话，以及同泰米尔语相当的印度诸语，如孟加拉语和印地语等，分别代表不同的民族。强烈的宗教色彩和民族特征使得这几个东南亚小国成为社会语言学关注的热点地区，引发了众多欧美以及本土语言学家的广泛兴趣。他们研究的焦点主要集中在语言政策与规划、英语新变体、语言选择与语言转换、语言社区与文化等方面。

澳大利亚包括太平洋地区也是一个社会语言学所关注的地区，也许因为这里也曾经是英国殖民地，大多数国家的官方语言是英语，但这是相对而言的，为数不小的原住民语言处在边缘和濒危的境地。语言接触、语言冲突、语言政治、语言濒危、语言规划与政策研究以及原住民语言的维护和挽救成为这一地区当今社会语言学研究的焦点。当然，由于澳大利亚英语的特殊地位，对它的研究占据了很大篇幅。

近年来，非洲和中东地区的社会语言学的发展也使人耳目一新。比如南非。很有意思，南非有11种官方语言：阿菲力康语、英语、恩德贝勒语、北索托语、索托语、斯威士语、聪加语、茨瓦纳语、文达语、科萨语和祖鲁语。就此一点，就足以说明南非是社会语言学家的天堂。由于大英帝国的殖民，英语成为南非通用语，因此，关于英语变体的研究是南非社会语言学的重要部分，尤其是南非黑人英语。语言多元化以及语言接触是南非社会语言学家关注的另一个重要主题，其中语码转换成为当今研究的焦点之一，主要是民族语言与英语之间的转换。当今南非社会语言学关注的问题还有语言与文化、语言与权力、语言规划等。

西非和中非地区是世界上语言数量最多的一个区域，2005年有一项数据表明，那里有1,700种语言，约占世界语言总数的25%，非洲语言总数的85%。尼日利亚和喀麦隆两个国家就有789种语言，它们之间的国境线地区是世界上语言最多样和最复杂的区域。19世纪60年代至70年代，中西非许多国家纷纷获得民族独立，确立官方语言（包括通用语言、民族语言以及教育用语等）成为新生国家亟待解决的问题，同时成为社会语言学家所迫切需要研究的问题。语言规划与语言政策研究的兴起与中西非国家独立后解决国家官方语言的矛盾与问题有直接的关联。很显然，语言多样化、语言接触与冲突始终是这一地区社会语言学研究的核心问题。语言接触与冲突的相关问题，如语码转换、语言与认同、克里奥语与皮钦语、语言调查与语言濒危始终是中西非社会语言学的主题。

十分有趣的是，美国社会语言学元老之一费什曼是以色列人，目前十分活跃的著名社会语言学家、专事语言规划与政策研究的斯波斯基也是以色列人，他们连同另一位语言规划与政策研究国际著名专家库伯一起，曾经同时在以色列耶路撒冷从事社会语言学研究达四年之久，而且那时正值他们事业的巅峰期。也许正是他们这一段不同寻常的工作奠定了以色列社会语言学的坚实基础。以色列社会语言学研究的范围与国际社会语言学研究的范围和主题大同小异，其中有语言变体、双语现象、语言与文化、语言与权力、语言规划与政策、高等教育中的语言多元化等，当然也有以色列特色的研究，包括以色列阿拉伯人、以色列犹太人以及以色列俄罗斯犹太人的语言认同等问题。

第二节　中国的社会语言学

美国马里兰大学周明朗教授曾经对中国的社会语言学做过一个总结，他认为，中国的社会语言学很大程度上是围绕数以百计的语言及其方言之间的接触及矛盾，以期在语言多样化境遇中实现语言标准化为核心展开的。这也许是对中国社会语言学比较准确的概括。

一、历史传统

中国语言统一的历史可以追溯至秦代。秦始皇统一中国后，实行度量衡统一的同时，实现了文字的统一。虽然从严格意义上说，文字的统一不能代表语言的统一，但是文字的统一促进了语言交际通畅。更为重要的是，秦始皇统一文字开了中国语言标准化的先河。美国华裔历史学家唐德刚曾经高度评价秦始皇的文字统一，他说："中国的统一，原因之一是'音不随型转'的方块字……"

中国社会语言学历史传统一个突出的亮点是方言学。中国方言学源远流长，历史悠久，早在先秦古籍中已有方言的著录。古代帝王为了体察民情风俗，博通天下名物，在每年秋后的农暇季节，派遣使臣到各地去搜集方言异语。这也许可以被认为是中国方言研究的雏形。随着时间的推移，汉语言文字从先秦发展至汉代已经有了重大的变化，人们阅读古籍已有许多困难。为了适应阅读和研究古代典籍的需要，汉代便兴起了以诠释词语为主要内容的训诂学。西汉末年扬雄《方言》一书的问世表明中国古代的汉语方言研究已趋向成熟。《方言》把当时中国的方言根据所处地理位置，划分了若干方言区，并对有些方言做了比较详细的描述。扬雄划分的方言区有13个：秦晋方言区、周韩郑方言区、赵魏方言区、卫宋方言区、齐鲁方言区、东齐海岱方言区、燕代方言区、北燕朝鲜方言区、楚方言区、梁西楚方言区、南楚方言区、南越方言区和吴越方言区。此外,《方言》还列出了古代行政地名、山川河流等自然地理名称。即便从现代方言学角度去看,《方言》所划分的方言区和列出的地理名称,都是极为不易而且意义重大的。可以说,这是方言学的先河,比19世纪末与20世纪初欧洲方言学的兴起早了20个世纪。

汉代以降,中国的方言学同音韵学结合在一起,魏晋南北朝时期产生的许多韵书,如李登的《声类》、吕静的《韵集》、夏侯咏的《韵略》、周思言的《音韵》、李槩的《音谱》等,大都是方言同音字表。这一时期值得一提的是,东晋的郭璞继承了扬雄重视活的方言词汇的传统,为扬雄《方言》作了第一个注本,他以晋代方言来跟扬雄所记的汉代方言相比较,指明某些汉代方言词语保存在某地,转移到何处,或已发展为通语,因而《方言注》保存了汉晋时期语言流变的不少材料。隋唐时代结束了魏晋南北朝长期分裂的局面,开始注重共同语规范,弘扬中原正音,排斥方言土语,方言研究随之进入低潮。从隋唐到宋元之际,汉语语音发生了重大变化,以正音为目的的《切韵》《唐韵》《广韵》《集韵》等一系列韵书,由于跟口语相距甚远,渐渐失去了语音规范的作用,只是作为诗韵而被文人沿用。这在一定程度上为音韵的研究转向从实际方言出发的道路创造了客观条件。元末周德清编成《中原音韵》,反映了北方口语语音。此书的面世引发了一系列北音系统的韵书,给汉语方言的研究带来了新的变化。比如,明朝的《韵略易通》和《韵略汇通》等韵书,反映了北方话即官话方言中某些地点方言的语音系统。清代是中国传统语言学的鼎盛时期,汉语方言的研究这时也得到了比较全面的开展,取得了较大的学术成就。比如,出现了许多调查、辑录和考证方言俗语的著作,有一般性的方言俗语作为调查、辑录和考证对象的,如《恒言录》《通俗常言疏证》《异语》《通俗编》《方言别录》《迩言》《俗说》等,也有以某个地点方言或区域方言的方言俗语作为调查考证对象的,如《南通方言疏证》等。1907年章炳麟的《新方言》问世,为中国近代方言学研究奠定了基础。清末民初来华传教士对中国方言也产生了浓厚的兴趣，留下了不少汉语方言研究著述，他们的研究给中国的方言学注入了现代元素。

二、现代特征

中国现代意义上的社会语言学出现于建国之后。中国地大物博，人口众多，语言资源丰富。1949年后，确立国家官方语言成为语言学家所关心的首要问题。经过王立等人的努力，以北京话为发音和北方方言语法为基础的普通话确定为国家的通用语，并在全国范围内加以普及和推广。在建设共通语的同时，由700多位语言学者组成的调研团，对中国少数民族语言进行摸底调查，摸清这些语言的异同，并按一定的标准确定语言的门类及其数量，还为若干没有文字系统的语言创造文字。一方面，聚焦共同语建设；另一方面，关注少数民族语言。这是建国初期的语言规划与政策的基本方针，同时这也是这一时期中国社会语言学的基本特征。

讨论中国的现代社会语言学，必须提及赵元任先生的贡献。赵元任是20世纪初我国科学界、语言学界和音乐界的先行者。傅斯年称他是"中国汉语语言学之父"，罗常培也有同样的论断。赵先生在汉语方言学、语音学、词汇学、语法学、文字改革等方面做了许多开创性的研究，而这些方面的研究都贯穿着他的社会语言学的语言观。中国著名的社会语言学家陈原先生多次提到，他自己的社会语言学研究受到赵先生的影响，称赵元任先生为创始中国社会语言学的先行者。赵元任是美国结构主义语言学派的主要语言学家之一，但是这并没有影响他对社会语言学的研究。早在1916年，他发表题为《中国的语言问题》的论文指出，语言的发展是在意识的变化和发展影响下改变个人语言使用习惯的情况下发生的。1928年《现代吴语的研究》提出了不同派别的概念，这一概念为以后的社会语言学家和方言学家所沿用。20世纪30年代，赵元任接受结构主义语言学思想，然而，他对社会语言学研究的兴趣依旧不减，为语言的地域变异、阶级变异、性别变异等方面的研究作出了卓越的贡献。由迪尔所整理编辑出版的《中国社会语言学面面观》集中了赵元任的社会语言学研究的论述，是中国现代社会语言学研究的经典文献。

中国社会语言学学会本届会长郭熙认为，社会语言学自西方传入中国后，大致经历了三个发展阶段：以通论性著作的出版和理论译介为主的"引介初创阶段"；以概论性专著和教材出版及专题研究为主的"蓬勃发展阶段"；以总结反思前期研究成果为主的"稳定深入阶段"。"文革"十年，同其他学科一样，中国社会语言学没有什么发展和建树。相反，在美国社会语言学大行其道。改革开放后，一如其他学科，现代社会语言学进入语言学家的视线，引介初创阶段开始。这里特别要提到陈原先生的贡献。陈原是一位本土社会语言学家，研究的对象也是本土的语言与社会，先后于1980和1983年出版《语言与社会生活——社会语言学本记》和《社会语言学》。这是两部均把汉语作为研究对象的社会语言学著作，它们的出版标志了中国现代社会语言学的开端。随后，陈松岑的《社会语言学导论》，游汝杰、周振鹤的《方言与中国文化》，祝畹瑾的《社会语言学概论》以及戴庆厦的《社会语言学概论》等相继问世，其中有理论介绍，也有具体研究。

北京外国语大学著名教授许国璋先生自20世纪70年代末就开始关注社会语言学的研究，努力将欧美社会语言学的最新成果介绍给中国学者。80年代起，国外社会语言学著述的译介工作起步，如由林书武等人翻译的特鲁吉尔的《社会语言学导论》、祝畹瑾编译的《社会语言学译文集》以及卫志强翻译的苏联什维策尔的《现代社会语言学》等出版面世，为中国的现代社会语言学注入了新的理论参考和方法指导。

三、当前热点

21世纪以来，中国的现代社会语言学发展蓬勃，总体呈广泛深入态势。研究的范围几乎包括了社会语言学所有方面。如周庆生所言，中国的社会语言学"在许多领域取得了重要成果，譬如语言生活状况、语言变异和变体、语言与文化、语言接触、双语双方言、语码转换、移民语言、濒危语言、言语交际、语言规划等领域。在今后一段时期内，有望进入该学科前沿的课题大概有：普通话的地方变体、汉语的民族变体、语言与国家认同、方言与地方认同、民族语言与民族认同、英汉双语使用、语言生活状况、多语服务等"，而深入研究的热点集中在语言生活、语言战略、语言能力、语言教育、语言规划与政策等方面。

自2005年起，由教育部语言文字信息管理司组织《中国语言生活绿皮书》项目（以下简称《绿皮书》）。工作十年，成绩卓著。《绿皮书》由国家语言文字工作委员会发布，每年一册，至今已有10册，分A、B两个系列，前者为语言文字"软性"规范，旨在适应语言文字规范制定的复杂情况，满足社会语言生活的多种需求，引导社会语言文字应用，向社会提供参考，并鼓励采用；后者是中国语言生活的状况与分析，主要发布语言生活的各种调查报告和实态数据，为了解国内外语言生活状况、研究现实语言生活问题、制定科学的语言规划、保护与开发语言资源、保证语言生活的和谐与活力提供资讯和参考。为响应中国语言生活调研项目，2011年起，由北京外国语大学中国外语教育研究中心组织发起了"外国语言生活状况调研"项目，冠名《外国语言生活黄皮书》（以下简称《黄皮书》）。《黄皮书》分三个部分：第一部分为"世界语言生活报告"，深度报告国际上发生的语言事件、热门话题、典型政策等；第二部分为"世界语言生活状况"，发布世界各国语言生活状况，包括语言格局、语言动态、语言政策、语言教育等；第三部分为"世界语言生活动态"，报道世界语言生活动态新闻。与《绿皮书》一样，《黄皮书》的目的在于提供国外语言生活资讯和语言生活研究以及规划的理论与实践参考。国内外语言生活的调研并出版皮书是重要的成果，但也许更为重要的是，项目的开展培养了一批志在语言生活研究的学者，形成了一个团队，使语言生活研究这一个社会语言学的研究重点成为当今中国现代社会语言学的主要热点。他们的研究已经形成具有中国特色的社会语言学，被称作"生活派"。

第三节　发展趋势

英国牛津大学出版社有一套"牛津社会语言学研究系列丛书"，自推出以来已出40多部。从2004年起，这套丛书的主编由英国卡迪夫大学语言与交际研究中心教授尼古拉·库普兰和亚当·耶沃斯基担任。在英国，卡迪夫大学语言与交际研究中心的社会语言学研究历史悠久，成果丰硕，是欧美社会语言学领域里的佼佼者，两位教授是该研究领域的顶级专家。可以说,这套系列丛书,尤其是本世纪以来所推出的著作,代表了当今世界社会语言学研究最高水平,也是这一学科研究的最新成果,很大程度上代表了当今社会语言学研究的基本特征和趋势。

一、内涵广泛

先看一下近十多年来出版的20多部著作的题目,包括作者、体裁以及出版日期等。

表10.1 "牛津社会语言学研究系列丛书"2002—2016

书名	作者	出版日期	体裁
《语言变体调查》	Nancy C. Dorian	2010	个案
《黄种人英语及其他》	Angela Reyes and Adrienne Lo	2009	文集
《工薪阶层酒吧语言》	Julie Lindquist	2002	观察
《电视剧本对话研究》	Kay Richardson	2010	专著
《反恐话语研究》	Adam Hodges	2011	专著
《语言活动与民族生存》	Monica Heller et al	2016	专著
《语言神话与英语历史》	Richard J. Watts	2011	专著
《通往后民族主义之路》	Monica Heller	2011	考察
《没有权利的语言》	Lional Wee	2011	专著
《会话交流中的情感》	A. Perakyla and M. Sorjonen	2012	专著
《交际界位》	Alexandra Jaffe	2009	文集
《边缘语言多元化》	S. Piekainen & H. Kellen-Holmes	2013	文集
《礼貌语用学》	Geoffrey Leech	2014	专著
《数字话语》	Crispin Thurlow & Kristine Mroczek	2011	文集
《法律文本之旅》	Chris Heffer et al	2013	文集
《批判话语分析新方法》	Theo van Leeuwen	2008	专著
《战争与和平话语》	Adam Hodges	2013	专著
《语言变体批判》	Carmen Fought	2004	文集
《领导、话语与族裔》	Janet Holmes	2011	专著
《语言与超多样化》	Zane Goebel	2015	专著
《医患会话》	Tanya Stivers	2011	案例
《纽约的西班牙语》	O. Richard & A. C. Zentella	2012	观察
《匹兹堡方言》	Barbara Johnstone	2013	个案
《会话轮回与顺序》	Cecilia E. Ford et al	2002	专著

从表10.1可以看出，这些著作涉及的话题十分广泛，有方言、话语、变体、文本、礼貌、权利、历史，以及语言多元化、边缘化、语言与民族关系等方面，而且既有宏观的理论阐述和科学探讨，又有微观的个案分析与实地观察。更重要的是，许多传统的话题进入了新的领域，比如，话语的社会语言学研究涉足司法、管理、医患、反恐、数字、战争等方面，使得社会语言学研究更加贴近社会现实，更"接地气"。概而言之，话题的广泛和研究的深入体现了两个特点：一是社会语言学把原来属于其他学科研究的话题纳入自己的研究范围，学科的内涵与外延扩大了许多，比如语言历史、话语分析、礼貌研究等。语言历史是历史语言学研究的专门课题，话语分析自己有其学科，现在称作"话语研究"，而礼貌研究传统上归属于语用学研究范围。社会语言学进入这些学科实际上是与这些学科进行交叉，在社会语言学理论框架里研究历史语言学、话语研究以及语用学所研究的课题；二是社会语言学研究更加接近社会现实，这可谓学科的纵向深入。从题目就可以看出，这些著作研究的对象就是社会现实本身，如反恐、医患、战争等问题。毫无疑问，学科的"横向交叉"与"纵向深入"代表了当今社会语言学新的发展动向。

二、理论多元

理论与观点的多元化趋势是当今社会语言学另一个特征和动向，是社会语言学同其他学科横向交叉研究的结果。传统的社会语言学除本身的理论之外，与社会学、文化学以及人类学联系紧密，所以社会学、文化学以及人类学的相关理论进入社会语言学理论体系。随着学科发展，社会语言学与哲学、政治学、经济学、心理学、管理学、传播学等交叉。同样，这些学科的相关理论进入社会语言学，进一步丰富了理论体系。其中，比较显著的有后现代哲学思想对当今社会语言学的重大影响。社会语言学家讨论语言政治、语言权利、语言认同、语言多元以及语言生态等问题，大多会借助后现代哲学观点，剖析现象，寻找缘由，提出意见与建议。菲利普森的语言帝国主义理论、宾尼库克的语言殖民主义思想以及斯库特纳博—康格斯的语言人权观均在不同程度上体现了反对以"欧洲中心主义"为主要特征的后现代哲学思想。不同的理论又体现不同研究立场和观点以及研究的对象。这些特征在"牛津社会语言学研究系列丛书"中均有体现。比如：佩拉基拉和苏利亚南合编的《会话交流中的情感》是一部关于自然会话交流中情感界位的论文集。"界位"是会话分析研究核心理念之一，指的是会话过程中讲话人的话语立场。"情感界位"就是讲话人表达情感的话语立场。所以它既是语言学的问题，又是心理学的问题。由于情感表达和理解与社会文化关系紧密，因此它又是一个社会和文化的问题。研究这一问题所涉及的理论观点势必具有多元性，包括社会学、语言学、心理学、人类学、文化学乃至认知学等。理论千头万绪，作者学术背景千差万别，但这些文章讨论的是同一个问题：自然会话交流中情感表达和情感界位的建构过程。研究了表达情感定位的言辞、话语以及非话语手段、系列情感行为、情感行动以及日常交际和日常环境中情感的作用，分析了情感表达方式、情感的表达对交流语境的反应以及情感表达与行为系列和社会交流结构的契合等。又如，海勒《通往后民族主义的道路》一书后现代哲学思想浓重，理论背景宽泛，涉及的问题有政治、经济、社会、文化、教育、民族等。整部著作好像在问一个问题：我们为什么要按照我们的方法表现社会差异与建立社会不平等的关系？作者并不回避主观意见。相反，她摈弃所谓的"科学客观和中性"立场，按自己的经验讨论加拿大双语的困难与问题，这使她能够摆脱民族主义束缚，探索"后民族主义"的道路。再如，维伊《没有权利的语言》是一部关于语言公正和语言权利的著作。人类世界是一个多语世界，国家的诞生使语言多元化成为一个问题。语言规划和政策使得一些语言获得重要地位，而另外一些语言失去了原有的权利。地位与权利的失衡破坏语言平等，导致语言歧视。随着全球化进程的加快，社会距离不断缩小，语言公正和语言权利问题愈加突出。1990年代，丹麦语言学家斯库特纳博—康格斯等人提出了语言人权的思想，引起诸多学科的专家的广泛兴趣和热烈讨论。这本著作所表达的观点是其中比较富有特色的一种。作者并不同意斯库特纳博—康格斯等人的观点，认为他们建立在抽象语言概念基础上的语言人权思想过于空泛，对消除语言歧视、维护语言平等没有实质性的功用。作者认为语言歧视有显性和隐性之分，而隐性的语言歧视没有引起我们足够的重视，比如词语使用、语音语调体现身份和教育程度等。语言歧视更多的是对使用语言的人的歧视，而不是对语言本身的歧视。因此，作者认为，与其给抽象语言权利，还不如给具体的说话人权利。作者的结论是：实现语言平等、消除语言歧视要通过"协商民主"（deliberative democracy）来解决，比如可以通过协商民主以及国民教育改革等途径加强语言平等和公正意识以及扩大语言教育机会，提高交流水平等。

三、方法多样

当今社会语言学的动态特征之三是研究方法的多元化和视角的多重化，这也是与其他学科广泛交叉的必然结果。比如，杰夫主编的《交际界位的社会语言学研究》就是一部关于交际界位及界位选定研究的文集，共收文章10篇。交际界位选定是交际基本特质之一，指的是"交际者就话语的形式和内容选取确定一个位置"。编者认为，界位的语言解读并不新鲜，但是每一次界位选定行为本质上是在社会环境和会话进程中实现的。也就是说，它发生于帮助它形成的社会语境中，同时又是对其他可能具有社会或会话关联的界位选定直接或间接的反应。因此，从社会语言学角度解读界位和界位选定能够更加准确地把握它们的本质特征。

范鲁文的《话语与实践：批判话语分析新方法》是一部关于批判话语分析的专著，是作者过去15年研究成果的综合，其中包括理论、方法以及应用研究，探索新方法是其特点。福柯认为"话语"是服务于历史或社会语境的具体现实的语义建构；韩礼德认为"语域"是语言的语义变体，是一种社会方言，它的语义特征比语音特征或词汇语法特征更有意义。作者在这两个概念基础上，借用伯恩斯坦的"语境重构"概念，提出了一个新的话语分析框架——语境重构原则。这也是本著的主题。作者认为，语境重构原则与社会实践的关键成分联系紧密，这些成分包括参与实践的行为者、角色和身份认同、实践行为以及表现方式、场景与时间等。语境重构过程中，有些成分可能会被排除在话语之外或者被改变形状，语境重构也可能增加一些因素，比如目的以及行为合法性等。所以，有些重构会排除许多社会实践细节，把重点放在合法性或评判上面；有些则不注重社会行为的合法性或评判，而把重点放在社会实践行为本身。概括说来，本著的基本观点是：话语是社会实践的语境重构，因此，所有文本、所有关于世界以及对其中所发生的表述，无论如何抽象，都必须作为社会实践的表述加以解读。

富特主编的《语言变体的社会语言学批判》是由卡迪夫大学语言与交际研究中心负责人库普兰和耶沃斯基主编的"牛津社会语言学研

究系列丛书"的第一本，主题是"语言变体研究"，但核心是"研究方法"，论文源自1999年为纪念社会语言学元老罗纳尔德·麦考利而召开的"克莱芒学院社会语言学方法研讨会"。作者均为变体社会语言学相关方面的领军人物。这些论文批判性地讨论了变体研究领域若干重要的命题和研究方法，讨论和回答相关的重要问题，其中包括：（1）我们概括所收集的变体语料的方法在多大程度上是安全可靠的？（2）我们怎么能够丰富关于访谈与陈述的解释？（3）我们怎么能够超越"语言社区"这一传统但十分麻烦的概念，从理论上说清楚"地点"这一变体的相关因素？（4）我们在多大程度上更为开放地接受语言变体的主观因素，例如语言态度和语言意识形态？（5）在哪里能够确定社会语言学与心理语言学的传统界限？等等。他们的讨论把这些问题的研究又引向了深入。

思考题

1. 欧洲社会语言学与美国社会语言学有哪些异同？
2. 国际社会语言学发展的基本趋势是什么？
3. 中国社会语言学的基本特征有哪些？
4. 牛津社会语言学系列丛书所涉及的问题有多少？
5. 牛津社会语言学系列丛书研究的理论与方法有何特征？

推荐阅读

Ball, M. J. (ed.). 2010. *The Routledge Handbook of Sociolinguistics Around the World*. London & New York: Routledge.

Blommaert, J. 2010. *Sociolinguistics of Globalization*. Cambridge: Cambridge University Press.

Buchstaller, I. 2014. *Quantatives: New Trends and Sociolinguistic Implications*. Oxford: Wiley Blackwell.

戴庆厦，2004，《社会语言学概论》，北京：商务印书馆。

祝畹瑾，2013，《新编社会语言学概论》，北京：北京大学出版社。

参考文献

Adegbija, E. E. 1994. *Language Attitudes in Sub-Saharan Africa: A Sociolinguistic Overview*. Clevedon: Multilingual Matters.
Austin, J. L. 1975. *How to Do Things with Words* (2nd Edition). Oxford: Oxford University Press.
Baldauf, R. B. and R. Kaplan. 1990. *Language Planning and Education in Australasia and the South Pacific*. Clevedon: Multilingual Matters.
Baldauf, R. B. and R. Kaplan. 2004. *Language Planning and Policy in Africa*. Clevedon: Multilingual Matters.
Baldauf, R. B. and R. Kaplan. 2006. *Language Planning in the Asia Pacific: Fiji, The Philippines and Vanuatu*. Clevedon: Multilingual Matters.
Ball, M. J. (ed.). 2010. *The Routledge Handbook of Sociolinguistics Around the World*. London & New York: Routledge.
Bang, J. C. and J. Door. 2007. *Language, Ecology and Society. A Dialectical Approach* (edited by S. V. Stefensen and J. Nash). London: Continuum.
Barbour, S. and C. Carmichael (eds.). 2000. *Language and Nationalism in Europe*. Oxford: Oxford University Press.
Björgvinsson, L. Á. 2011. *Speech Act Theory: A Critical Review*. Leithbeinandi: Matthew James Whelpton.
Blommaert, J. 2010. *Sociolinguistics of Globalization*. Cambridge: Cambridge University Press.
Bloomfield, L. 1955. *Language*. London: George Allen & Unwin Ltd.
Braun, F. 1988. *Terms of Address: Problems of Patterns and Usage in Various Languages and Cultures*. Berlin & New York: Mouton de Gruyter.
Bright, W. (ed.). 1990. *American Indian Languages*. Berlin: Mouton de Gruyter.
Brown, P. and S. C. Levinson. 1978. *Politeness: Some Universals in Language Usage*. Cambridge: Cambridge University Press.
Brown, R. L. 1967. *Wilhelm Von Humboldt's Conception of Linguistic Relativity*. The Hague: Mouton.
Buchstaller, I. 2014. *Quantatives: New Trends and Sociolinguistic Implications*. Oxford: Wiley Blackwell.
Bynon, T. 1977. *Historical Linguistics*. Cambridge: Cambridge University Press.

Calvet, L. 1998/1987. *Language Wars and Linguistic Politics*. Trans. by M. Petheram. Oxford: Oxford University Press.

Campbell, L. 1997. *American Indian languages: The Historical Linguistics of Native America*. Oxford: Oxford University Press.

Canagarayah, A. S. 1999. *Resisting Linguistic Imperialism in English Language Teaching*. Oxford: Oxford University Press.

Carroll, J. B. (ed.). 1956. *Language and Reality: Selected Writings of Benjamin Lee Whorf*. New York: The MIT Press & John Wiley.

Carter, R. and M. McCarthy. 1994. *Language as Discourse: Perspectives for Language Teaching*. New York: Longman Publishing.

Chamber, J. K. 2009. *Sociolinguistic Theory: Linguistic Variation and Its Social Significance*. Malden: Wiley Blackwell.

Chambers, J. K. et al. (eds.). 2002. *The Handbook of Language Variation and Change*. Malden: Blackwell.

Chen P. and N. Gottileb. 2001. *Language Planning and Language Policy: East Asian Perspective*. Richmond: Curzon Press.

Cheshire, J. et al. 2011. Contact, the Feature Pool and the Speech Community: The Emergence of Multicultural London English. *Journal of Sociolinguistics* 15 (2). 151–196.

Chomsky, N.1975. *Reflection on Language*. New York: Panthenon Books.

Cooper, R. L. 1989. *Language Planning and Social Change*. Cambridge: Cambridge University Press.

Crystal, D. 1987. *The Cambridge Encyclopedia of Language*. Cambridge: Cambridge University Press.

Crystal, D. 2000. *Language Death*. Cambridge: Cambridge University Press.

Crystal, D. 2003/1997. *English as a Global Language* (2nd Edition). Cambridge: Cambridge University Press.

Davies, A. and C. Elder. 2004. *The Handbook of Applied Linguistics*. Oxford: Blackwell Publishing.

Dickey, E. 1996. *Greek Forms of Address: From Herodotus to Lucian*. Gloucestershire: Clarendon Press.

Dil, A. S. (ed.). 1976. *Aspects of Chinese Sociolinguistics: Essays by Yuen Ren Chao*. Stanford: Stanford University Press.

Dixon, R. M. W. 1997. *The Rise and Fall of Languages*. Cambridge: Cambridge University Press.

Dorian, N. C. 2010. *Investing Variation: The Effects of Social Organization and Social Setting*. Oxford: Oxford University Press.

Duranti, A. 1997. *Linguistic Anthropology*. Cambridge: Cambridge University

Press.

Enninger, W. and L. M. Haynes (eds.). 1984. *Studies in Language Ecology*. Wiesbaden: Steiner.

Erikson, T. H. 1993. *Ethnicity and Nationalism*. London: Pluto Press.

Ervin-Tripp, S. 1972. Sociolinguistic Rules of Address. In J. B. Pride & J. Holmes (eds.). *Sociolinguistics: Selected Readings*. Harmondsworth: Penguin Books. 225–240.

Ferguson, C. 1972. *Advances in the Sociology of Language* (*Vol. 1*). The Hague: Mouton.

Fishman, J. A. 1960. A Systematization of the Whorfian Hypothesis. *Behavioural Science*, Oct. 323–339.

Fishman, J. A. 1974. *Advances in Language Planning*. The Hague: Mouton.

Fought, C. (ed.). 2004. *Sociolinguistic Variation: Critical Reflections*. Oxford: Oxford University Press.

Galloway, N. and H. Rose. 2015. *Introducing Global Englishes*. Abingdon: Routledge.

Giglioli, P. P. (ed.). 1972. *Language and Social Context: Selected Readings*. London: Penguin.

Giles, H. (ed.). 1977. *Language, Ethnicity and Intergroup Relations*. Keynes: Open University Press. 307–348.

Goebel, Z. 2015. *Language and Superdiversity: Indonesians Knowledging at Home and Abroad*. Oxford: Oxford University Press.

Gordon, M. J. 2013. *Labov: A Guide for the Perplexed*. London & New York: Bloomsbury.

Gordon, R. G., Jr. (ed.). 2005. *Ethnologue: Languages of the World* (15th edition). Dallas, TX.: SIL International.

Greenberg, J. H. (ed.). 1966. *Universals of Language*. Cambridge, MA: Massachusetts Institute of Technology Press.

Grice, H. P. 1989. *Studies in the Way of Words*. Massachusetts: Harvard University Press.

Grice, H. P. 1975. Logic and Conversation. In P. Cole & J. Morgan (eds.). *Syntax and Semantics*. New York: Academic Press.

Grimmes, B. F. (ed.). 2000. *Ethnologue: Languages of the Word* (14th edition). Dallas, TX: SIL International.

Gumperz, J. 1974/1964. Linguistic and Social Interaction in Two Communities. In B. Blount (ed.). *Language, Culture and Society*. Cambridge, MA: Winthrop Publishers, pp. 283–299.

Gumperz, J. J. and S. Levinson (eds.). 1996. *Rethinking Linguistic Relativity*.

Cambridge: Cambridge University Press.
Gumperz, J. J. and S. Levinson. 1991. Rethinking Linguistic Relativity. *Current Anthropology* 32(5). 613–623.
Halliday, M. A. K. 1985. *An Introduction to Functional Grammar*. New York: Edward Arnold.
Hanganu, E. C. 2011. *Forms of Address in Romanian: Their Social Semantics and Social Interaction Functions*. London & New York: Lap Lambert Academic Publishing GmbH & Co. KG.
Haugen, E. 1972. *The Ecology of Language: Essays by Einar Haugen*. Stanford, CA: Stanford University Press.
Heffer, C. et al. (eds.). 2013. *Legal-Lay Communication: Textual Travels in the Law*. Oxford: Oxford University Press.
Heller, M. 2011. *Paths to Post-Nationalism*. Oxford: Oxford University Press.
Heller, M. et al. 2016. *Sustaining the Nation: The Making and Moving of Language and Nation*. Oxford: Oxford University Press.
Hodges, A. (ed.). 2013. *Discourses of War and Peace*. Oxford: Oxford University Press.
Hodges, A. 2011. *The "War on Terror" Narrative: Discourse and Intertextuality in the Construction and Contestation of Sociolinguistic Reality*. Oxford: Oxford University Press.
Holm, J. 2000. *An Introduction to Pidgins and Creoles*. Cambridge: Cambridge University Press.
Holmes, J. & K. Hazen (eds.). 2014. *GMLZ-Guides to Research Methods in Language and Linguistics: Research Methods in Sociolinguistics: A Practical Guide*. New York: John Wiley & Sons Inc.
Holmes, J. and M. Meyerho (eds.). 2003. *The Handbook of Language and Gender*. Malden: Blackwell.
Holmes, J. et al. 2011. *Leadership, Discourse, and Ethnicity*. Oxford: Oxford University Press.
Hudson, R. A. 2001/1980. *Sociolinguistics*. Cambridge: Cambridge University Press.
Humboldt, W. 1988. *On Language: The Diversity of Human Language-Structure and Its Influence on the Mental Development of Mankind*. Cambridge: Cambridge University Press.
Huntington, S. P. 1996. *The Clash of Civilizations and the Remaking of World Order*. New York: Simon and Schuster.
Jaffe, A. (ed.). 2009. *Stance: Sociolinguistic Perspectives*. Oxford: Oxford University Press.

Jefries, L. and D. McIntyre. 2010. *Stylistics*. Cambridge: Cambridge University Press.

Johnstone, B. 1999. *Qualitative Methods in Sociolinguistics*. New York: Oxford University Press.

Johnstone, B. 2013. *Speaking Pittsburghese: The Story of a Dialect*. Oxford: Oxford University Press.

Kaplan, R. and R. B. Baldauf. 1997. *Language Planning: From Practice to Theory*. Clevedon: Multilingual Matters.

Kaplan, R. and R. B. Baldauf. 2003. *Language and Language-in-Education Planning in the Pacific Basin*. Berlin & New York: Springer Science & Business Media.

Kautzsch, A. 2002. *The Historical Evaluation of Earlier American English*. New York: Walter de Gruyter.

Kramsch, C. 2003/1998. *Language and Culture*. Oxford: Oxford University Press.

Krauss, M. E. 2007. Keynote — Mass Language Extinction and Documentation: The Race Against Time. In O. Miyaoka et al. (eds.). *The Vanishing Languages of the Pacific Rim*. Oxford: Oxford University Press. 3–24.

Kroeber, A. L. 1993. *Cultural and Natural Areas of North America*. Berkeley: University of California Press.

Labov, W. 1966. *The Social Stratification of English in New York City*. Washington, DC: Center for Applied Linguistics.

Labov, W. 1972. *Sociolinguistic Patterns*. Philadelphia: University of Pennsylvania Press.

Labov, W. 1994. *Principles of Linguistic Changes*. Oxford: Blackwell.

Labov, W. 2001. *Principles of Linguistic Change: Social Factors (Vol. II)*. New York: Blackwell.

Labov, W. 2006. *The Social Stratification of English in New York City* (2nd edition). Cambridge: Cambridge University Press.

Labov, W. 2012. *Dialect Diversity in America: The Politics of Language Change*. Charlottesville: University of Virginia Press.

Labov, W. et al. 1968. *A Study of Non-Standard English of Negro and Puerto-Rican Speakers in New York City*. Report on Co-operative Research Project 3288. Washington: Office of Education.

Laird, C. 1970. *Language in America*. Englwood Cliffs, NJ: Prentice-Hall, Inc.

Lakoff, G. and M. Johnson. 2003/1980. *Metaphors We Live By*. Chicago: The University of Chicago Press.

Laycock, D. 1982. *The Best Bawdry*. Sydney: Angus & Robertson.

Lee, T. and D. M. 2001. Reversing Navajo Language Shift. In J. A. Fishman (ed.). *Can Threatened Languages Be Saved? Reversing Language Shift, Revisited: A 21st Century Perspective*. Clevedon: Multilingual Matters. 23–43.

Leech, G. N. 1971. *Meaning and English Verb*. London and New York: Longman.

Leech, G. N. 1983. *Principles of Pragmatics*. London & New York: Longman.

Leech, G. N. 2014. *The Pragmatics of Politeness*. Oxford: Oxford University Press.

Lee-Wong, S. M. 2000. *Politeness and Face in Chinese Culture*. Frankfurt am Main: Peter Lang GmbH.

Levinson, S. C. 1983. *Pragmatics*. Cambridge: Cambridge University Press.

Lier, L. 2004. *The Ecology and Semiotics of Language Learning: A Sociocultural Perspective*. New York & London: Kluwer Academic Publishers.

Lindquist, J. 2002. *A Place to Stand: Politics and Persuasion in a Working-Class Bar*. Oxford: Oxford University Press.

Lubecka, A. 1993. *Forms of Address in English, French and Polish: Sociolinguistic Approach*. Krakow: Uniewersytet Jagiellonski.

Mansour, G. 1993. *Multilingualism and Nation Building*. Clevedon: Multilingual Matters.

Matras, Y. 2009. *Language Contact*. Cambridge: Cambridge University Press.

Mayerho , M. 2011. *Introducing Sociolinguistics*. London: Tailor & Francis.

Mazrui, A. M. 2004. *English in Africa: After the Cold War*. Clevedon: Multilingual Matters.

McCrum, R. 2010. *Globish: How the English Language Became the World's Language*. New York: Norton.

McGregor, W. B. 2009. *Linguistics: An Introduction*. New York: Continuum International Publishing Group.

Milroy, L. and M. Gordon. 2003. *Sociolinguistics: Methods and Interpretation*. Malden: Blackwell.

Mithum, M. 1999. *The Languages of Native Americans*. Cambridge: Cambridge University Press.

Mkili , A. M. H. 1978. Triglossia and Swahili-English Bilingualism in Tanzania. In J. A. Fishman (ed.). 1978. *Advances in the Study of Societal Multilingualism*. The Hague: Mouton. 129–149.

Moore, T. and C. Carling. 1982. *Understanding Language: Towards a Post-Chomskyan Linguistics*. London: Macmillan.

Moseley, C. (ed.). 2011. *Atlas of the World's Languages in Danger*. Paris: UNESCO Publishing (online version).

Mühlhäusler, P. 1996. *Linguistic Ecology: Language Change and Linguistic Imperialism in the Pacific Region*. New York: Routledge.
Mühlhäusler, P. (eds.). 2001. *The Ecolinguistics Reader: Language, Ecology and Environment*. London and New York: Continuum.
Nettle, D. and S. Romaine. 2000. *Vanishing Voices: The Extinction of World's Languages*. Oxford: Oxford University Press.
Oakes, L. 2007. *Language, Citizenship and Identity in Quebec*. Basingstoke & New York: Palgrave Macmillan.
Otheguy, R. and A. C. Zentella. 2012. *Spanish in New York: Language Contact, Dialectal Leveling, and Structural Continuity*. Oxford: Oxford University Press.
Pennycook, A. 1998. *English and the Discourses of Colonialism*. London and New York: Routledge.
Perakyla, A. and M. Sorjonen (eds.). 2012. *Emotion in Interaction*. Oxford: Oxford University Press.
Petyt, K. M. 1980. *The Study of Dialect: An Introduction to Dialectology*. London: A. Deutsch.
Phillipson, R. 1992. *Linguistic Imperialism*. Oxford: Oxford University Press.
Piekainen, S. and H. Kelley-Holmes (eds.). 2013. *Multilingualism and the Periphery*. Oxford: Oxford University Press.
Pride, J. B. and J. Holms (eds.). 1972. *Sociolinguistics: Selected Readings*. London: Penguin.
Quirk, R. et al. 1985. *A Comprehensive Grammar of the English Language*. London & New York: Longman.
Reaugott, E. C. and M. Pratt. 1980. *Linguistics for Students of Literature*. New York: Harcourt Brace.
Reyes, A. and A. Lo (eds.). 2009. *Beyond Yellow English: Toward a Linguistic Anthropology of Asian Pacific America*. Oxford: Oxford University Press.
Richardson, K. 2010. *Television Dramatic Dialogue: A Sociolinguistic Study*. Oxford: Oxford University Press.
Romaine, S. 1991. *Language in Australia*. Cambridge: Cambridge University Press.
Rutherford, J. (ed.). 1990. *Identity, Community, Culture and Difference*. London: Lawrence & Wishart.
Saxena, R. T. 2012. *A Sociolinguistic Study of Hindi and Telugu Kinship Terminology Variations in the Number of Kinship Terms across the Languages: Linguistic, Social and Anthropological Perspectives*. Saarbrücken: LAP Lambert Academic Publishing.

Schiffman, H. F. 1996. *Linguistic Culture and Language Policy*. London & New York: Routledge.

Searle, J. 1975. Indirect Speech Acts. In P. Cole & J. Morgan (eds.). *Syntax and Semantics*. New York: Academic Press.

Searle, J. R. 1999. *Mind, Language and Society: Philosophy in the Real World*. Phoenix: Guernsey Press Co.

Silver, S. and W. R. Miller. 1997. *American Indian Languages: Cultural and Social Contexts*. Tucson: The University of Arizona Press.

Simmons, G. and C. D. Fenning (eds.). 2017. *Ethonologue: Languages of the World (Twentieth edition)*. Dallas, Texas: SIL International. Online: http://www.ethnologue.com.

Simpson, A. (ed.). 2007. *Language and National Identity in Asia*. Oxford: Oxford University Press.

Skutnabb-Kangas, T. 2000. *Linguistic Genocide in Education — Or Worldwide Diversity and Human Rights?* London: Lawrence Erlbaum Associates, Publishers.

Skutnabb-Kangas, T. and R. Phillipson. 1995. *Linguistic Human Rights: Overcoming Linguistic Discrimination*. Berlin and New York: Mouton de Gruyter.

Smith, D. 1991. *National Identity*. Nevada: University of Nevada Press.

Sonnenhauser, B. and P. Noel. 2013. *Vocative! Addressing Between System and Performance*. Berlin & New York: Mouton de Gruyter.

Spolsky, B. 2004. *Language Policy*. Cambridge: Cambridge University Press.

Spolsky, B. 2009. *Language Management*. Cambridge: Cambridge University Press.

Spring, J. 2001. *Deculturalization and the Struggle for Equality: A Brief History of the Education of Dominated Cultures in the United States* (3rd Edition). New York & London: McGraw-Hill Higher Education.

Stavans, A. and C. Hoffmann. 2015. *Multilingualism*. Cambridge: Cambridge University Press.

Stivers, T. 2011. *Prescribing under Pressure: Patient-Physician Conversations and Antibiotics*. Oxford: Oxford University Press.

Sweetland, J. 2002. Unexpected but Authentic Use of an Ethnically-Marked Dialect. *Journal of Sociolinguistics* 6. 514–536.

Tagliamonte, S. A. 2006. *Analysing Sociolinguistic Variations*. Cambridge: Cambridge University Press.

Tagliamonte, S. A. 2012. *Variationist Sociolinguistics: Change, Observation, Interpretation*. Oxford: John Wiley & Sons.

Tajfel, H. 1978. *The Social Psychology of Minorities* (*Minority Rights Group Report 38*). London: Minority Rights Group.
Taliamonte, S. A. 2006. *Analyzing Sociolinguistic Variation*. Cambridge: Cambridge University Press.
Thurlow, C. and K. Mroczek (eds.). 2011. *Digital Discourse: Language in the New Media*. Oxford: Oxford University Press.
Tollefson, J. 1991. *Planning Language, Planning Inequality*. London & New York: Longman.
Trudgill, P. 2000/1974. *Sociolinguistics*. London: Penguin Books.
Trudgill, P. 2003. *A Glossary of Sociolinguistics*. Oxford: Oxford University Press.
Tsuda, Y. 2014. The Hegemony of English and Strategies for Linguistic Pluralism: Proposing the Ecology of Language Paradigm. In M. K. Asante et al. (eds.). *The Global Intercultural Communication Reader* (2nd ed.). New York: Routledge. 445–456.
Tsunoda, T. 2005. *Language Endangerment and Revitalization: An Introduction*. Berlin & New York: Mouton de Gruyter.
Van Leeuwen, T. 2008. *Discourse and Practice: New Tools for Critical Discourse Analysis*. Oxford: Oxford University Press.
Wardhaugh, R. 1986. *An Introduction of Sociolinguistics*. Oxford: Basil Blackwell.
Wardhaugh, R. and J. M. Fuller. 2015/1992. *An Introduction to Sociolinguistics*. Oxford: John Wiley & Sons Ltd.
Watts, R. J. 2011. *Language Myths and History of English*. Oxford: Oxford University Press.
Wee, L. 2011. *Language without Rights*. Oxford: Oxford University Press.
Weinreich, P. and W. Saunderson (eds.). 2003. *Analyzing Identity: Cross-Cultural, Societal and Clinical Contexts*. London: Routledge.
Winford, D. 2002. *An Introduction to Contact Linguistics*. New York: Blackwell.
Wodak, R. et al (eds.). 2010. *The SAGE Handbook of Sociolinguistics*. London and New York: SAGE. Yule, G. 2014. *The Study of Language* (5th Edition). Cambridge: Cambridge University Press.
Wolfram, W. 1969. *A Sociolinguistic Description of Detroit Negro Speech*. Washington: Center for Applied Linguistics.
Wolfram, W. 1974. *Sociolinguistic Aspects of Assimilation: Puerto Rican English in New York City*. Washington: Center for Applied Linguistics.
蔡永良,2003,《语言·教育·同化——美国印第安语言政策研究》,北京:中国社会科学出版社.

蔡永良，2007，《美国的语言教育与语言政策》，上海：上海三联书店。
陈平，2008，语言民族主义：欧洲与中国，《外语教学与研究》2008年第1期第4–13页。
陈望道，2008/1932，《修辞学发凡》，上海：复旦大学出版社
陈新仁，2012，《当代中国语境下的英语使用及本土化研究》，北京：北京大学出版社。
程雨民，1989，《英语语体学》，上海：上海外语教育出版社。
戴庆厦，2004，《社会语言学概论》，北京：商务印书馆。
李亚玲，2012，《中国外语教育政策发展研究》，北京：北京大学出版社。
李宇明，2012，《语言规划论》，北京：商务印书馆。
李宇明，2013，《语言规划续论》，北京：商务印书馆。
罗常培，胡双宝，2009，《语言与文化》(注释本)，北京：北京大学出版社。
苏金智，1999，《赵元任学术思想评传》，北京：北京图书馆出版社。
唐德刚，1999，《胡适杂议》，上海：华东师范大学出版社。
托马斯·索威尔，1992，《美国种族简史》，沈宗美译，南京：南京大学出版社。
游汝杰，邹嘉彦，2009，《社会语言学教程》，上海：复旦大学出版社。
张治国，2012，《中美语言教育政策比较研究》，北京：北京大学出版社。
章振邦，1983，《新编英语语法》(上、下册)，上海：上海译文出版社。
赵蓉晖，2012，《国家战略视角下的外语与外语政策》，北京：北京大学出版社。
祝畹瑾，2013，《新编社会语言学概论》，北京：北京大学出版社。